甘肃省"十四五"职业教育省级规划教材立项建设教材

中华经典晨读

ZHONGHUA JINGDIAN CHENDU

主　编 ◎ 师永波
副主编 ◎ 王　珺　　温　婧
主　审 ◎ 周树昌　　汪　平

华中科技大学出版社
http://press.hust.edu.cn
中国·武汉

内 容 简 介

本书以中国文学史为纲,选取中华优秀经典作品八十篇,分四个学期编排内容,适应高等职业院校学生在校学习的周期,具有较强的针对性和可操作性。本书结构完整,体例丰富,为了帮助学生更好地理解原文,设有"注释""导读""音频",旨在促进中华民族传统的文化基因与当代文化相融合,推动中华文明创造性转化、创新性发展,激活其生命力,引导学生在经典作品中寻找文化基因,悟人生百态。

本书主要作为高等职业院校学生素质教育的教材。

图书在版编目(CIP)数据

中华经典晨读 / 师永波主编. -- 武汉:华中科技大学出版社,2024.9. -- ISBN 978-7-5772-1091-9

Ⅰ. K203

中国国家版本馆 CIP 数据核字第 20247BP765 号

中华经典晨读 　　　　　　　　　　　　　　　　　　　　　　　师永波　主编
Zhonghua Jingdian Chendu

策划编辑:汪　粲
责任编辑:朱建丽
封面设计:廖亚萍
责任校对:陈元玉
责任监印:周治超

出版发行:华中科技大学出版社(中国・武汉)　　　电话:(027)81321913
　　　　　武汉市东湖新技术开发区华工科技园　　　邮编:430223
录　　排:华中科技大学惠友文印中心
印　　刷:武汉科源印刷设计有限公司
开　　本:787mm×1092mm　1/16
印　　张:13
字　　数:275千字
版　　次:2024年9月第1版第1次印刷
定　　价:39.80元

本书若有印装质量问题,请向出版社营销中心调换
全国免费服务热线:400-6679-118　　竭诚为您服务
版权所有　侵权必究

前 言
QIANYAN

　　文化是民族的血脉,是人民的精神家园。五千年悠久而漫长的历史,积淀了中华民族博大精深的文化。中华优秀传统文化是无数古圣先贤、风流人物、仁人志士对自然、人生、社会的思索、探求与总结,它既是中华民族智慧的结晶,又是我们道德规范、价值取向、行为准则的集中再现;既是每个中国人的立身处世之本,又是我们不可或缺的精神力量。千百年来,中华文化融入每一个华夏儿女的血液,铸成了我们民族的品格,书写了辉煌灿烂的历史。中华文化以其独特的理念、智慧、气度、神韵,在经历了数千年历史的淘漉后,散发出更加璀璨的光芒。新时代新征程,我们肩负着传承和弘扬中华优秀传统文化、实现中华民族伟大复兴的历史使命。

　　"经典诵读"不仅仅是一种育人理念,更是传播中华优秀传统文化的重要途径。教育部、国家语言文字工作委员会于2018年开始组织实施"中华经典诵读工程",通过开展经典诵读、书写、讲解等文化实践活动,引领社会大众特别是广大青少年更好地熟悉诗词歌赋、亲近中华经典,广泛深入地领悟中华文化的思想理念,从而更好地传承中华传统美德、弘扬中华人文精神。目前,很多中小学在"礼敬中华优秀传统文化"系列活动中,广泛开展中华经典诵读。然而,高等职业院校却存在缺少读书氛围的现象。作为高等职业院校,既要重视学生技能的培养,也要重视学生人文素养的熏陶,培养德、智、体、美、劳全面发展的社会主义建设者和接班人,实现"立德树人"的根本目标。近年来,学院积极创建书香校园,倡导和鼓励学生"诵读经典""品味经典",开展了一系列学习和践行传统文化的活动。借此,我们编写了这本《中华经典晨读》,旨在以中华优秀诗文为载体,将"经典诵读"融入日常教学环节,使学生在了解文学经典的同时,得到精神的洗礼和浸润,实现技能教育与文化育人的有机统一。

　　本书以中国文学史为纲,参照历代诗文选本的精华,选取经典作品八十篇,分四个学期编排内容。"每周一诵"符合高等职业院校教学实际,具有一定的前瞻性、科学性和通用性。每学期的诵读内容,按照时间顺序选择具有代表性的经典诗词、家训、格言、名人名篇展开,引导学生在经典作品中寻找文化基因,悟人生百态。为了帮助学生更好地理解原文,附设了"注释""导读",重点篇目增加了"音频"。"注释"对一些较难理解的词进

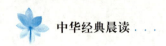

行注音解释,"导读"简单介绍作者生平和相关背景,对文章的思想内涵和艺术特色加以阐释,"音频"在准确把握作品内涵与格调的基础上配乐,努力做到感情丰富、吐字清晰、引人入胜。

编写过程中,师永波负责教材整体结构的设计、具体篇目的选择、文本内容和注释,王珺负责导读部分,温婧负责朗诵音频的录制和后期配乐,周树昌、汪平负责全书的校对和审核。在此,我们要特别感谢白银矿冶职业技术学院领导的大力支持。

中华经典浩如烟海,博大精深。希望学生通过诵读经典,开启智慧的大门,领悟仁爱为本、天人合一的人文思维和人生智慧,涵养心性,熔铸品格,为"学会做人""学会做事"奠定良好的行为规范,培养高尚的道德情操,按照经典文化的要求,躬身践行,从小事做起,从自己做起,从现在做起,为实现远大的理想奠定坚实的基础。

让我们一起进入经典的世界,与圣贤为友,与经典同行,感受优美意境,体验诗意人生。

编　者

2024 年 8 月 6 日

目 录

第一学期

1	关雎	《诗经·周南》3
2	道德经(节选)	老子 5
3	大同	《礼记·礼运》7
4	论语(节选)	孔子 10
5	孝经(节选)	孔子 12
6	大学(节选)	曾子 15
7	逍遥游(节选)	庄子 18
8	劝学(节选)	荀子 23
9	颜氏家训(节选)	颜之推 27
10	弟子规	李毓秀 29
11	格言联璧(节选)	(学问类) 36
12	报任安书(节选)	司马迁 38
13	岳阳楼记	范仲淹 40
14	安乐铭(节选)	苏洵 44
15	正气歌并序	文天祥 45
16	赴戍登程口占示家人	林则徐 50
17	沁园春·长沙	毛泽东 52
18	我爱这土地	艾青 55
19	少年中国说(节选)	梁启超 57
20	忆秦娥·娄山关	毛泽东 59

1

第二学期

1	蒹葭	《诗经·秦风》	63
2	离骚(节选)	屈原	65
3	学记(节选)	《礼记》	69
4	鱼,我所欲也(节选)	孟子	70
5	诫子书	诸葛亮	72
6	朱子治家格言(节选)	朱柏庐	74
7	格言联璧(节选)	(存养类)	76
8	陈情表	李密	78
9	春夜宴桃李园序	李白	81
10	师说	韩愈	83
11	春江花月夜	张若虚	87
12	登高①	杜甫	90
13	咏史(其二)	李商隐	92
14	书端州郡斋②壁	包拯	94
15	念奴娇·赤壁怀古	苏轼	96
16	沁园春·雪	毛泽东	98
17	再别康桥	徐志摩	100
18	热爱生命	汪国真	103
19	谈骨气	吴晗	104
20	清平乐·六盘山	毛泽东	106

第三学期

1	木瓜	《诗经·国风·卫风》	109
2	秋水(节选)	庄子	111
3	中庸(节选)	子思	113
4	归园田居(其一)	陶渊明	115
5	三字经(节选)	王应麟	117
6	王阳明家训(节选)	王阳明	121
7	格言联璧(节选)	(处事类)	122
8	出师表	诸葛亮	124

9	兰亭集序	王羲之 128
10	陋室铭②	刘禹锡 131
11	爱莲说	周敦颐 133
12	读书有三到(节选)	朱熹 135
13	春望	杜甫 137
14	和董传留别	苏轼 139
15	七律·长征	毛泽东 141
16	满江红·写怀	岳飞 142
17	青玉案·元夕②	辛弃疾 144
18	卜算子·咏梅	毛泽东 146
19	人的高贵在于灵魂	周国平 148
20	莫高窟	余秋雨 151

第四学期

1	采薇	《诗经·小雅》159
2	系辞传上(节选)	《易传》162
3	四气调神大论(节选)	《黄帝内经·素问》164
4	得道多助,失道寡助(节选)	孟子 166
5	曾国藩家书(节选)	曾国藩 168
6	格言联璧(节选)	(齐家类) 170
7	长歌行	汉乐府 172
8	观沧海	曹操 174
9	行路难(其一)	李白 176
10	游子吟	孟郊 178
11	冬夜读书示子聿	陆游 179
12	过零丁洋	文天祥 180
13	墨梅(其三)	王冕 182
14	水调歌头·明月几时有	苏轼 183
15	临江仙·滚滚长江东逝水	杨慎 185

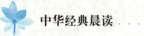

16	送别	李叔同 187
17	面朝大海,春暖花开	海子 188
18	"今"	李大钊 190
19	轻轻地走与轻轻地来	史铁生 193
20	七律·人民解放军占领南京	毛泽东 197

■ **参考文献**

大学之道
在明明德
在亲民
在止于至善

第一学期

1 关雎

《诗经·周南》

关关雎鸠①,在河之洲②。窈窕淑女③,君子好逑④。
参差荇菜⑤,左右流之⑥。窈窕淑女,寤寐⑦求之。
求之不得,寤寐思服⑧。悠哉悠哉⑨,辗转反侧⑩。
参差荇菜,左右采之。窈窕淑女,琴瑟友之⑪。
参差荇菜,左右芼⑫之。窈窕淑女,钟鼓乐之⑬。

【注释】

①关关:象声词,雌雄二鸟相互应和的叫声。雎鸠:一种水鸟。
②洲:水中的陆地。
③窈窕淑女:文静美好的女子。窈窕,身材体态美好的样子。淑,好,善良。
④好逑(hǎo qiú):好的配偶。逑,通"仇",配偶。
⑤参差:长短不齐的样子。荇(xìng)菜:水草类植物,圆叶细茎,根生水底,叶浮在水面,可食用。
⑥左右流之:时而向左、时而向右地摘取荇菜。这里指以勉力求取荇菜,隐喻"君子"努力追求"淑女"。流,意同"求",这里指摘取。之,指荇菜。
⑦寤寐(wù mèi):醒和睡,指日夜。寤,醒时。寐,睡时。
⑧思服:思念。服,念。《毛传》载:"服,思之也。"
⑨悠哉悠哉:意为"悠悠"。这句是说思念绵绵不断,犹言"想念呀,想念呀"。
⑩辗转反侧:翻覆不能入眠。辗,通"展"。辗转,即反侧。反侧,犹翻覆。
⑪琴瑟友之:弹琴鼓瑟来亲近她。琴、瑟皆弦乐器,琴五或七弦,瑟二十五或五十弦。友,用作动词,此处有亲近之意。这句意思是,用琴瑟弹奏音乐来取悦"淑女"。
⑫芼(mào):挑选。
⑬钟鼓乐之:用钟鼓奏乐来使她快乐。乐,使动用法,使……快乐。

《诗经》是中国文学史上第一部诗歌总集,是中国古典文学现实主义传统的源头,对后代诗歌发展具有深远的影响。《关雎》是《诗经》的首篇,又为十五国风第一篇。翻开中国文学史,首先遇到的就是《关雎》,通常认为这是一首描写男女恋爱的情歌。此诗在艺术上巧妙地采用了"兴"的表现手法,"先言他物以引起所咏之词",即从一个看似与主题无关的事物入手,引出心声,抒写胸臆。首章以雎鸟相向合鸣、相依相恋,兴起淑女配君子的联想。以下各章,又以采荇菜这一行为起兴,表达主人公对女子的爱慕追求。雎鸠的阵阵鸣叫引发了君子的情思,使他独自陶醉在对姑娘的一往情深之中。种种复杂的情感油然而生,渴望与失望交错,幸福与煎熬并存。诗人用了"流""采"等词描述小伙子心理变化的过程。诗中许多句子都蕴含着很深很美的含意,如千古传颂的佳句"窈窕淑女,君子好逑",既赞扬她的"美好仪态",又赞扬她的"美好内心",前后呼应,相辅相成。又如"辗转反侧"这一句,极为传神地表达了主人公的相思之苦。全诗语言优美,善于运用双声、叠韵和重叠词,韵律和谐悦耳,增强了诗歌的音韵美和写人状物、拟声传情的生动性,读来朗朗上口,堪称中国古代韵律诗的开山之作。

2　道德经(节选)

老子

　　天下皆知美之为美,斯①恶矣;皆知善之为善,斯不善已。故有无相生,难易相成,长短相形②,高下相倾,音声相和,前后相随③。是以圣人④处⑤无为之事,行不言⑥之教,万物作焉而不辞⑦,生而不有,为而不恃⑧,功成而弗居⑨。夫⑩唯弗居,是以不去⑪。(第二章)

　　上善⑫若水。水善利万物而不争,处众人之所恶,故几于道。居善地,心善渊,与善仁,言善信,正善治,事善能,动善时。(第八章)

　　合抱之木,生于毫末;九层之台,起于累土;千里之行,始于足下。(六十四章)

　　天之道,其犹张弓与!高者抑之,下者举之;有余者损⑬之,不足者补之。天之道,损有余而补不足。人之道,则不然,损不足以奉有余。孰能有余以奉天下?唯有道者。(第七十七章)

　　信言不美⑭,美言不信。善者不辩,辩者不善。知⑮者不博,博者不知。圣人不积⑯,既以为人,己愈有,既以与人,己愈多。天之道⑰,利⑱而不害;圣人之道,为而不争。(第八十一章)

【注释】

①斯:连词,就。
②生:产生、发生。成:形成、完成。形:表现、显现。
③倾:依附。和:应和、调和、和谐。随:跟随、随顺。
④是以:因此。圣人:有道、得道之人。
⑤处:决定,决断,在此文表示处置。
⑥不言:不发号施令、不用政令。
⑦辞:拒绝。
⑧有:占有。恃:依赖。

⑨居:居功夸耀。
⑩夫:句首语气词,表示将发议论。
⑪去:离开、丢失。
⑫上善:至高境界的善。
⑬损:减损。
⑭信言:诚实的话。美:美妙、漂亮。
⑮知:同"智"。
⑯积:吝啬。
⑰道:责任。
⑱利:对……有利。

《道德经》,又称《道德真经》《老子》《五千言》《老子五千文》,是中国古代先秦诸子中的一部著作,是道家哲学思想的重要来源。《道德经》是中国历史上最伟大的名著之一,对政治、宗教、传统哲学、科学等产生了深远影响。《道德经》分《德经》《道经》,不分章。后来分为81章,其中,前37章为《道经》,后44章为《德经》。文本以哲学意义之"道德"为纲宗,论述修身、治国、用兵、养生之道,而多以政治为旨归。其文意深奥,包涵广博,被誉为"万经之王"。

老子认为一切事物在其相互对立的矛盾中都具有同一性。"信言不美"章开头提出了三对概念:信与美、善与辩、知与博。这实际上是真假、美丑、善恶的问题,包含了丰富的辩证法思想。按照这三条原则,以"信言""善行""真知"来要求自己,使自身追求真、善、美的和谐统一,就是重归于"朴",回归没有受伪诈、智巧、争斗等世俗污染的本性。

3 大同①

《礼记·礼运》

昔者仲尼与于蜡②宾,事毕,出游于观③之上,喟然④而叹。仲尼之叹,盖叹鲁也。言偃在侧,曰:"君子何叹?"孔子曰:"大道⑤之行也,与三代之英⑥,丘未之逮⑦也,而有志焉。"

"大道之行也,天下为公⑧。选贤与能⑨,讲信修睦⑩,故人不独亲其亲,不独子其子,使老有所终,壮有所用,幼有所长,矜寡孤独废疾者⑪皆有所养,男有分⑫,女有归⑬。货恶其弃于地也⑭,不必藏于己;力恶其不出于身也,不必为己。是故谋闭⑮而不兴,盗窃乱贼而不作⑯,故外户而不闭,是谓大同⑰。"

"今大道既隐⑱,天下为家。各亲其亲,各子其子,货力为己,大人世及⑲以为礼。城郭沟池⑳以为固,礼义以为纪。以正君臣,以笃㉑父子,以睦兄弟,以和夫妇,以设制度,以立田里㉒,以贤㉓勇知,以功㉔为己。故谋用是㉕作,而兵㉖由此起。禹、汤、文、武、成王、周公,由此其选㉗也。此六君子者,未有不谨于礼者也。以著其义㉘,以考其信,著有过,刑仁讲让㉙,示民有常。如有不由此者,在执者去㉚,众以为殃,是谓小康。"

【注释】

①大同:整个世界都是一家人,人人爱彼如己,没有欺骗的行为,以诚相待,互相援助。大同就是世界和平的蓝图,所以孙中山先生极力提倡"天下为公"。

②蜡(zhà):年终举行的祭祀,又称蜡祭。

③观(guàn):宗庙门外两旁的楼。

④喟(kuì)然:感叹的样子。

⑤大道:指太平盛世的社会准则。

⑥三代:指夏朝、商朝和周朝。英:英明君主。

⑦逮:赶上。

⑧天下为公：人人不争、不贪、不求、不自私、不自利，自然大公无私。这是孔子所提倡的理想社会。

⑨选贤与能：选举人才时，要选贤而有德者，要选有才干、有智慧、有办事能力的人，这种人能为人民谋幸福，能为国家图富强。

⑩讲信修睦：讲信用，互相不欺骗，和睦相处。

⑪矜寡孤独废疾者：泛指没有劳动力又没有亲属供养的人。矜(guān)，通"鳏"，指老而无妻；"寡"指老而无夫；幼年丧父母为"孤"；老年丧子女为"独"；有残疾的人为"废"；有疾病的人为"疾"。

⑫男有分(fèn)：男人有男人的本分、地位、责任，为国为家，要尽应尽的义务。分，职分，指职业、职守。

⑬女有归：妇女有所归宿。归，女子出嫁。

⑭货恶其弃于地也：不可以糟蹋粮食，不可以浪费物资。货，指一切粮食和一切物资。恶，不可以。弃，糟蹋、浪费、损失。

⑮谋：阴谋诡计。闭：关闭。

⑯盗窃乱贼而不作：明抢为盗，暗偷为窃，乱贼是造反的人。

⑰是谓大同：这就是大同世界，即人人不自私、不自利，人人公平、和乐，天下太平。

⑱隐：消逝。

⑲大人：这里指国君。世：父亲传位给儿子。及：哥哥传位给弟弟。

⑳郭：外城。沟池：护城河。

㉑笃：淳厚。

㉒田里：田地与住宅。

㉓贤：尊重。

㉔功：成就功业。

㉕用是：因此。

㉖兵：这里指战争。

㉗选：指杰出的人物。

㉘著：彰显。义：指合理的事情。

㉙考：成就。刑：法则。让：不争。

㉚执(shì)：后写作"势"，指势力、权力。去：斥退。

本文选自《礼记·礼运》。《礼运》主要记载了古代社会政治风俗的演变，社会历史的进化，礼的起源、内容以及与社会生活的关系等，表达了儒家的社会历史观和对礼的看法。《礼运》脍炙人口的原因是其"大同小康"思想，为后世描绘了一个理想中的世界，故后世有"礼运大同"的说法。"大同"和"小康"是两种相对的社会形态，核心是为公和为私的对比。

这篇文章描述了孔子的理想世界：大同世界，天下太平，没有战争，人人和睦相处，丰衣足食,安居乐业。孔子生在一个礼崩乐坏的社会中,他所向往的"大同"世界并非真实的历史,而是一种类似于陶渊明的"桃花源"的理想境界。文章通过理想境界同现实存在的鲜明对比,表达了对人的生存状况的深切关注。"大同"思想对历代政治家、改革家都有深刻的影响。比如,近代政治家和思想家康有为撰写了《礼运注》,提出"大同说",并以此作为他维新变法的理论依据,在历史上留下了重要的一笔;孙中山先生也以"天下为公"作为他革命事业的指导思想。

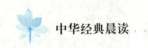

4 论语(节选)

孔子

子①曰:"学②而时习③之,不亦说④乎?有朋⑤自远方来,不亦乐⑥乎?人不知⑦而不愠⑧,不亦君子⑨乎?"(《学而篇》)

子曰:"弟子⑩入则孝,出则弟⑪,谨⑫而信,泛爱众,而亲仁⑬,行有余力⑭,则以学文⑮。"(《学而篇》)

子张⑯学干禄⑰。子曰:"多闻阙⑱疑,慎言其余,则寡尤⑲;多见阙殆,慎行其余,则寡悔。言寡尤,行寡悔,禄在其中矣。"(《为政篇》)

宰予昼寝,子曰:"朽木不可雕也,粪土⑳之墙不可圬㉑也,于予与何诛㉒?"子曰:"始吾于人也,听其言而信其行;今吾于人也,听其言而观其行。于予与㉓改是。"(《公冶长篇》)

颜渊问仁。子曰:"克己复礼㉔为仁。一日克己复礼,天下归仁㉕焉。为仁由己,而由人乎哉?"颜渊曰:"请问其目㉖。"子曰:"非礼勿视,非礼勿听,非礼勿言,非礼勿动。"颜渊曰:"回虽不敏,请事㉗斯语矣。"

仲弓问仁,子曰:"出门如见大宾,使民如承大祭㉘。己所不欲,勿施于人。在邦无怨,在家无怨㉙。"仲弓曰:"雍虽不敏,请事斯语矣。"(《颜渊篇》)

【注释】

①子:中国古代对于有地位、有学问的男子的尊称,有时也泛称男子。《论语》中"子曰"的子,都是指孔子。

②学:孔子在这里所讲的"学",主要是指学习西周的礼、乐、诗、书等传统文化典籍,泛指我们今天学的知识、技能和做人做事的道理。

③时习:在周秦时代,"时"用作副词,意为在一定的时候或者在适当的时候。但朱熹在《论语集注》一书中把"时"解释为"时常"。习,指演习礼、乐,也是"实践"的意思,即把学到的知识、技能和做人做事的道理用于实践。

④说(yuè):通"悦",愉快、高兴的意思。
⑤有朋:也作"友朋"。上古的朋和友是有区别的,"同门曰朋",即同在一位老师门下学习的叫朋。
⑥乐:与悦有所区别。旧注说,悦在内心,乐则见于外。
⑦人不知:指别人不了解自己。
⑧愠(yùn):恼怒,怨恨。
⑨君子:指在道德上有修养的人。
⑩弟子:一般有两种意义,一是年纪较小为人弟和为人子的人,二是指学生。
⑪入:古代父子分别住在不同的居处,学习则在外舍。出:与"入"相对而言,指外出拜师学习。
⑫谨:《说文》(全称《说文解字》)作"慎";《四书章句集注》认为行之有常为谨。
⑬仁:有仁德之人。
⑭行有余力:指有闲暇时间。
⑮文:古代文献,主要指诗、书、礼、乐等文化知识。
⑯子张:姓颛孙,名师,字子张,孔子的学生。
⑰干禄:求取官职。干,求。禄,古代官吏的俸禄。
⑱阙:缺。此处意为放置在一旁。
⑲寡:少。尤:过错。
⑳粪土:腐土、脏土。
㉑圬(wū):涂墙,这里指粉刷。
㉒诛:责备、批评。
㉓与:语气词。
㉔克己:克制自己。复礼:使自己的言行符合于礼的要求。
㉕归:归顺。仁:仁道。
㉖目:条件。
㉗事:从事,照着去做。
㉘出门如见大宾,使民如承大祭:出门办事和役使百姓,都要像迎接贵宾和进行大祭时那样恭敬严肃。
㉙邦:诸侯统治的国家。家:卿大夫统治的封地。

导读

《论语》是记载孔子及其弟子言行的语录体文集,由孔子弟子及再传弟子纂录而成,成书于战国初年。全书传至汉代,共20篇,或是记录孔子的只言片语,或是记载孔子与弟子及时人的对话,较为集中地体现了孔子的政治主张、伦理思想、道德观念及教育原则等。《论语》的思想主要有三个既各自独立又紧密联系的范畴:伦理道德范畴(仁),社会政治范畴(礼),认识方法论范畴(中庸)。《论语》表述了仁的内涵,进而将礼阐述为适应仁、表达仁的一种合理的社会关系与待人接物的规范,并进一步明确中庸的系统方法论原则。

5 孝经（节选）

孔子

开宗明义①章 第一

仲尼居，曾子②侍③。子曰："先王④有至德要道⑤，以顺天下⑥，民用和睦⑦，上下无怨⑧。汝知之乎？"

曾子避席⑨曰："参不敏⑩，何足⑪以知之？"

子曰："夫孝，德之本⑫也，教之所由生⑬也。复坐⑭，吾语⑮汝。身体发肤⑯，受之父母⑰，不敢毁伤⑱，孝之始也。立身行道⑲，扬名于后世⑳，以显父母㉑，孝之终也。夫孝，始于事亲㉒，中于事君㉓，终于立身㉔。《大雅》云：'无念尔祖，聿修厥德㉕。'"

三才章 第七

曾子曰："甚哉，孝之大也㉖！"

子曰："夫孝，天之经㉗也，地之义㉘也，民之行㉙也。天地之经，而民是则之㉚。则天之明㉛，因地之利㉜，以顺天下㉝。是以其教不肃而成㉞，其政不严而治㉟。先王见教之可以化民也，是故先之以博爱㊱，而民莫遗其亲㊲；陈之于德义㊳，而民兴行㊴。先之以敬让㊵，而民不争；导之以礼乐，而民和睦㊶；示之以好恶，而民知禁㊷。《诗》云：'赫赫师尹，民具尔瞻㊸。'"

【注释】

①开宗明义：阐述全书的宗旨，说明孝的意义。开，开示。宗，宗旨。明，显明，说明。义，意义。

②曾子：名参，字子舆，春秋时鲁国南武城（今山东省费县）人。孔子弟子，事亲至孝，刻苦力学，日三省其身，终传孔子之道，述《大学》，后世称为宗圣。

③侍：卑幼者陪从在尊者之侧。此处指侍坐，在尊长坐席旁边陪坐之意。

④先王：古代英明贤圣的君王，如尧、舜、禹、汤、文王、武王等。

⑤至德要道：至高的德行，切要的道理。此处指孝道。

⑥以顺天下：用来使天下的人和顺。以，用来。
⑦民用和睦：人民因此相亲相爱，和睦相处。用，因此。和睦，相亲相爱。
⑧上下无怨：尊卑上下，彼此不相抱怨。上，做官的、长者、位尊者。下，百姓、幼者、位卑者。
⑨避席：离开坐席。古人席地而坐，表示尊敬则离席而起。此处指曾子聆听夫子教诲，表示恭敬而离席起立。
⑩参：曾子称呼自己，表示尊师之意。敏：聪敏，灵敏。不敏，有迟钝意，曾子自谦之词。
⑪何足：哪能够。
⑫德之本：德行的根本。孝道是所有德行的根本，所以说是"德之本"。
⑬教之所由生：一切教化产生的根源。教，教化。由，从。一切教化都是从孝道产生出来，所以说是"教之所由生"。
⑭复坐：返回坐席。曾子起立对答，故返回原位坐下。
⑮语：告诉。
⑯身体发肤：身躯、四肢、毛发、皮肤。
⑰受之父母：承受于父母。受，承受。之，于。
⑱不敢毁伤：不敢毁坏损伤。毁，毁坏。伤，伤残。孝子之心，以为自己的身体承受于父母，应该谨慎爱护，勿使毁伤。
⑲立身行道：卓然自立，有所建树，又能遵行正道，不越轨妄为。立身，身有所树立，不依赖任何人，即顶天立地。行道，依道行事。
⑳扬名于后世：在后世中显扬自己的名声。扬名，显扬名声。
㉑以显父母：使父母显耀，光宗耀祖的意思。显，显耀。
㉒始于事亲：从孝顺父母开始。始，开始。
㉓中于事君：然后把对父母的亲爱扩大，侍奉君王，为国家服务，所谓"移孝作忠"。
㉔终于立身：孝亲尊师，侍奉君长，最终立身无愧，圆满孝道。终，最终。
㉕无念尔祖，聿修厥德：怎么能够不追念你的先祖呢？一定要提高自己的修养，发扬光大先祖的美德。"无念尔祖"二句出自《诗经·大雅·文王》。尔，你。祖，祖先。聿，句首语气词。（一说聿，述，遵循。）修，修养。厥，其，指文王。
㉖甚哉，孝之大也：孝顺的道理多么高深伟大啊！甚，很，非常。哉，语气词，表示感叹。大，这里主要指孝道内涵的广博和作用的广大。
㉗天之经：如天道日月星辰的运转，永恒不变。经，常规，原则，指永恒不变的规律。
㉘地之义：如地道顺承天道，孕育万物，各得其宜。
㉙民之行：孝道是人一切行为中最根本的品行，是符合人本性的必然行为。行，品行，行为。
㉚天地之经，而民是则之：天地这种有规律的永恒道理，人们应当效法它。是，因此，由此。则，效法。
㉛则天之明：效法上天明照宇宙的道理。
㉜因地之利：善用土地顺承万物的利益。
㉝以顺天下：这里是说圣王把天、地、人这"三才"融会贯通，以孝道治理天下，天下人心顺从。以，用来。顺，理顺，治理好。

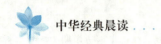

㉞是以其教不肃而成：因此其教化不用严厉的手段就可以达到目的。
㉟其政不严而治：不用严厉的手段而天下自可太平。治，指天下安定太平。
㊱先之以博爱：率先实行博爱。先，率先实行，带头去做。
㊲民莫遗其亲：人民就不会遗弃其亲人。
㊳陈之于德义：向人民陈述道德仁义。陈，陈述，讲述。
㊴兴行：奋起实行。
㊵先之以敬让：率先实行恭敬谦让。
㊶导之以礼乐，而民和睦：以礼乐引导人民，则人民和顺亲睦。儒家认为，"礼"使天地万物尊卑高下皆有秩序，各得其所；"乐"使天地万物和谐，融洽共处。因此主张以礼乐作为治理天下、教化人民的重要工具。
㊷示之以好恶，而民知禁：晓示民众什么事情值得喜欢，什么事情应该厌恶，人们知有禁令就不会犯法。
㊸赫赫师尹，民具尔瞻：出自《诗经·小雅·节南山》。赫赫，声威显赫，很有气派的样子。师，指太师，周王朝的最高行政长官，辅佐天子治理国家。师尹，指担任太师的尹氏。尔，你。瞻，仰望。

《孝经》，中国古代儒家的伦理著作，十三经之一，全书共分18章。清代纪昀在《四库全书总目》中指出，该书是孔子"七十子之徒之遗言"，成书于秦汉之际。自西汉至魏晋南北朝，注解者及百家。现在流行的版本是由唐玄宗李隆基注，宋代邢昺疏。

《孝经》集中地阐发了儒家的伦理思想，认为孝是诸德之本，"人之行，莫大于孝"，国君可以用孝治理国家，臣民能够用孝立身理家，保持爵禄。《孝经》将"孝亲"与"忠君"联系起来，认为"忠"是"孝"的发展和扩大，并把"孝"的社会作用推而广之，认为"孝悌之至"能够"通于神明，光于四海，无所不通"，对实行"孝"的要求和方法也提出系统而详细的规定。长期以来，《孝经》被看作是"孔子述作，垂范将来"的经典，对传播和维护社会伦理起了很大作用。

《开宗明义》是全书的纲领，阐明了孝道的宗旨，说明以孝为政，则上下无怨；以孝立身，则显亲扬名。《三才》进一步阐述了孝道的意义，指出孝道是贯通"天、地、民"三才为一的道理。天包罗万象，地孕育万物，人的孝道是百行之首。人应当效法天地永恒不变的法则，孝敬父母；而在上位的君主，也当因孝立教。

6 大学(节选)

曾子

大学之道①,在明明德②,在亲民③,在止于至善。知止④而后有定,定而后能静⑤,静而后能安,安而后能虑⑥,虑而后能得⑦。物有本末,事有终始。知所先后,则近道矣。

古之欲明明德于天下者,先治其国。欲治其国者,先齐其家⑧。欲齐其家者,先修其身⑨。欲修其身者,先正其心。欲正其心者,先诚其意。欲诚其意者,先致其知⑩。致知在格物⑪。物格而后知至,知至而后意诚,意诚而后心正,心正而后身修,身修而后家齐,家齐而后国治,国治而后天下平。

自天子以至于庶人⑫,壹是皆以修身为本⑬。其本乱而末⑭治者否矣。其所厚者薄⑮,而其所薄者厚⑯,未之有也⑰!此谓知本,此谓知之至也。(第一章)

所谓诚其意⑱者:毋⑲自欺也,如恶恶臭⑳,如好好色㉑,此之谓自谦㉒。故君子必慎其独㉓也!

小人闲居㉔为不善,无所不至,见君子而后厌然㉕,掩其不善,而著㉖其善。人之视己,如见其肺肝然,则何益㉗矣。此谓诚于中㉘,形于外㉙,故君子必慎其独也。

曾子曰:"十目所视,十手所指,其严㉚乎!"富润屋㉛,德润身㉜,心广体胖㉝。故君子必诚其意。(第七章)

【注释】

①大学之道:大学的宗旨,大学的最终目的。大学在古代有两种含义:"博学"之态;与"小学"相对的"大人之学"。古代儿童八岁上小学,主要学习洒扫、应对、进退、礼乐射御书数之类的文化课和基本的礼节。十五岁后可进入大学,开始学习伦理、政治、哲学等"穷理正心,修己治人"的学问。两种含义虽有明

显的区别之处,但都有"博学"之意。道,本指道路,在这里指的是在学习政治、哲学时所掌握的规律和原则。

②明明德:第一个"明"是动词,彰显、发扬之意;第二个"明"是形容词,含有高尚、光辉的意思。

③亲民:一说是"新民",使人弃旧立新、弃恶扬善,有引导、教化人民之意。

④知止:明确目标所在。

⑤静:心不妄动。

⑥虑:处事周详。

⑦得:得到成果。

⑧齐其家:将自己家庭或家族的事务安排管理得井井有条,人与人之间的关系和谐,家业繁荣的意思。

⑨修其身:锻造、修炼自己的品行和人格。

⑩致其知:让自己得到知识和智慧。

⑪格物:研究、认识世间万物。

⑫庶人:普通百姓。

⑬壹是:全部都是。本:本源、根本。

⑭末:与"本"相对,末节之意。

⑮厚者薄:该厚待的却怠慢。

⑯薄者厚:该怠慢的反倒厚待。

⑰未之有也:还不曾有过这样的做法或是事情。宾语前置句。

⑱诚其意:意念真诚。

⑲毋:不要。

⑳恶(wù)恶(è)臭:讨厌恶臭的气味。

㉑好(hào)好(hǎo)色:喜爱容貌出众的女子。

㉒谦(qiè):通"慊",心满意足的样子。

㉓慎其独:在独处时要慎重。

㉔闲居:单独在家中,独处。

㉕厌然:遮遮掩掩、躲避。

㉖掩:隐藏。著:彰显出来。

㉗益:益处,好处。

㉘中:内心。

㉙外:外表。

㉚严:严峻,令人敬畏。

㉛润屋:装饰住所。

㉜润身:修炼自己。

㉝心广体胖(pán):心胸宽广,身体舒适。胖,舒适。

导读

  《大学》是论述儒家修身齐家治国平天下思想的文章,宋、元以后,《大学》成为官定的教科书和科举考试的必读书,对中国古代教育产生了极大的影响。《大学》提出的"三纲八目"是儒学的追求。所谓三纲,是指明德、亲民、止于至善。它既是《大学》的纲领旨趣,也是儒学"垂世立教"的目标所在。所谓八目,是指格物、致知、诚意、正心、修身、齐家、治国、平天下。《大学》强调修己是治人的前提,修己的目的是治国平天下,说明了治国平天下和个人道德修养的一致性。

  全文文辞简约,内涵深刻,影响深远,主要概括总结了先秦儒家关于道德修养的理论,以及关于道德修养的基本原则和方法,对儒家政治哲学也有系统的论述,对做人、处事、治国等也有深刻的论述。"大学之道"既是为达到"三纲"而设计的条目工夫,也是儒学为我们展示的人生进修阶梯。它铸造了一代又一代中国知识分子的人格,时至今日,仍然在我们身上发挥着潜移默化的作用。不管你是否有明确的意识,不管你积极还是消极,"格、致、诚、正、修、齐、治、平"的观念总是或隐或显地影响着你的思想,左右着你的行动,使你的人生在这儒学的进修阶梯上或近或远地展开。纵览四书五经,我们发现,儒家的全部学说实际上都是循着这"三纲八目"而展开的。所以,抓住"三纲八目"就等于抓住了一把打开儒学大门的钥匙。

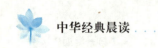

7　逍遥游①(节选)

庄子

北冥②有鱼,其名为鲲③。鲲之大,不知其几千里也④;化而为鸟,其名为鹏。鹏⑤之背,不知其几千里也;怒⑥而飞,其翼若垂天⑦之云。是鸟也,海运则将徙于南冥⑧。南冥者,天池⑨也。《齐谐》⑩者,志怪⑪者也。《谐》之言曰:"鹏之徙于南冥也,水击⑫三千里,抟扶摇⑬而上者九万里,去以六月息⑭者也。"野马⑮也,尘埃⑯也,生物之以息相吹也⑰。天之苍苍⑱,其正色⑲邪⑳?其远而无所至极邪?其视下也㉑,亦若是则已矣。且夫㉒水之积也不厚,则其负㉓大舟也无力。覆杯水于坳堂㉔之上,则芥㉕为之舟;置杯焉则胶㉖,水浅而舟大也。风之积也不厚,则其负大翼也无力㉗。故九万里,则风斯在下矣㉘,而后乃今培风㉙;背负青天,而莫之夭阏㉚者,而后乃今将图南㉛。

蜩与学鸠㉜笑之曰:"我决起㉝而飞,抢榆枋㉞而止,时则㉟不至,而控㊱于地而已矣,奚以之九万里而南为㊲?"适莽苍㊳者,三餐而反㊴,腹犹果然㊵;适百里者,宿舂粮㊶;适千里者,三月聚粮㊷。之二虫又何知㊸!

小知不及大知㊹,小年不及大年㊺。奚以知其然也?朝菌不知晦朔㊻,蟪蛄不知春秋㊼,此小年也。楚之南有冥灵㊽者,以五百岁为春,五百岁为秋;上古有大椿㊾者,以八千岁为春,八千岁为秋。此大年也。而彭祖乃今以久㊿特闻,众人匹(51)之,不亦悲(52)乎?

汤之问棘也是已(53):"穷发(54)之北,有冥海者,天池也。有鱼焉,其广数千里,未有知其修(55)者,其名为鲲。有鸟焉,其名为鹏,背若泰山,翼若垂天之云;抟扶摇羊角(56)而上者九万里,绝云气(57),负青天,然后图南,且适南冥也。斥鷃(58)笑之曰:'彼且奚适也?我腾跃而上,不过数仞(59)而下,翱翔蓬蒿之间(60),此亦飞之至(61)也。而彼且奚适也?'"此小大之辩(62)也。

故夫知效㊳一官,行比㊴一乡,德合一君,而㊵征一国者,其自视㊶也,亦若此㊷矣。而宋荣子犹然㊸笑之。且举世誉之而不加劝㊹,举世非之而不加沮㊺,定乎内外之分㊻,辩乎荣辱之境㊼,斯已㊽矣。彼其于世,未数数然㊾也。虽然㊿,犹有未树○也。夫列子御○风而行,泠然善○也,旬有五日○而后反。彼于致福者,未数数然也。此虽免乎行,犹有所待○者也。若夫乘天地之正○,而御六气之辩○,以游无穷○者,彼且恶乎待哉○？故曰:至人无己○,神人无功○,圣人无名○。

【注释】

①逍遥游:没有任何束缚、自由自在地活动。逍遥,闲适自得、无拘无束的样子。
②北冥:北海。海水因过深而呈黑色,故称"冥"。下文的"南冥"和"冥海"都用此意。
③鲲(kūn):陆德明《经典释文》认为"鲲,大鱼名也。"此处借用为大鱼之名。
④不知其几千里也:不知道它有几千里大。一说"几"本为极微小,引申为"极为接近",此处当解释为"尽",因为《庄子》一书中表数量的词都用"数",如"数仞""数金"。
⑤鹏:大鸟之名。
⑥怒:通"努",奋力飞举。
⑦垂天:天边。一说遮天。
⑧海运:海水运动,此处指汹涌的海涛。徙:迁移。
⑨天池:天然形成的池子。
⑩《齐谐》:志怪小说集。
⑪志怪:记述怪异的故事。志,记载。
⑫水击:"击水"一词的倒装,形容大鹏起飞时翅膀拍击水面的壮观景象。
⑬抟(tuán):盘旋上升。扶摇:旋风。
⑭去:离开。息:休息。
⑮野马:云雾之气变化腾涌成野马的样子。
⑯尘埃:空中游尘。
⑰以息相吹也:指野马、尘埃等都是以气息相互吹拂所致。
⑱苍苍:深蓝色。
⑲其:或许。正色:真正的颜色。
⑳邪(yé):通"耶",疑问词。
㉑其视下也:它(指鹏)向下俯视。
㉒且夫:助词,无实在意义,起提示下文的作用。
㉓负:承载。
㉔覆:倒。坳(ào)堂:屋前地上的洼坑。

㉕芥：小草。

㉖置：放。焉：兼词，于此，在这里。胶：动词，粘住地面动不了。

㉗则其负大翼也无力：就没有力量托起鹏巨大的翅膀。

㉘则风斯在下矣：风就在大鹏的下面。

㉙而后乃今："今而后乃"的倒装，这时……然后才。培风：乘风。培，凭。

㉚夭(yāo)：挫折。阏(è)：阻碍。

㉛图南：图谋飞往南方。

㉜蜩(tiáo)：蝉。学鸠(jiū)：小鸟。

㉝决起：迅速跃起。决，迅疾的样子。

㉞抢：撞到，碰到，也作"枪"。榆枋(fāng)：泛指树木。榆，榆树。枋，檀木。

㉟时则：时或。

㊱控：投下，落下来。

㊲奚(xī)以：哪里用得着。之：到……去。为：句末疑问语气词，相当于"呢"。

㊳适：去，往。莽(mǎng)苍：草色苍莽的郊野。

㊴三餐：指一天。反：通"返"，返回。

㊵犹：还是。果然：饱足的样子。

㊶宿：隔夜，前一夜。舂(chōng)粮：把谷物的壳捣掉，指准备粮食。

㊷三月聚粮：准备三个月的粮食。

㊸之：指示代词，这。二虫：指蜩和学鸠。虫，古代对动物的统称，如大虫指老虎，老虫指老鼠，长虫指蛇。又何知：又怎么会知晓呢。

㊹小知(zhì)：小聪明。知，通"智"。大知：大智慧。

㊺小年：短命。大年：长寿。

㊻朝菌：一种朝生暮死的菌类植物。

㊼蟪(huì)蛄(gū)：寒蝉，春生夏死或夏生秋死。春秋：一整年。

㊽冥灵：大树名，一说大龟名。

㊾大椿(chūn)：树名。

㊿彭祖：传说中寿达八百岁的人物。乃今：而今，现在。久：长寿。

㉛匹之：和他相比。匹，比。

㉜悲：可悲。

㉝汤：商朝的建立者。棘：人名，相传是商汤时的大夫。是已：就是这样，表示肯定。

㉞穷发：草木不生的地方。发，草木。

㉟修：长。

㊱羊角：像羚羊角的旋风。

㊲绝云气：穿越云气。绝，穿过。

㊳斥鴳(yàn)：小雀。

㊴仞：古代长度单位。周代以八尺为一仞，汉代以七尺为一仞。

㊵翱翔蓬蒿(hāo)之间：翱翔在蓬木蒿草之间。

(61)至：极致。

(62)辩：通“辨”，区别。

(63)效：功效，此处引申为胜任。

(64)行：品行。比：合。

(65)而：通“能”，能力。

(66)其：指上述四种人。自视：看待自己。

(67)此：指斥鴳。

(68)宋荣子：战国中期的思想家。犹然：笑的样子。

(69)举：全。誉：赞美。劝：勉励，奋发。

(70)非：非难，指责。沮：沮丧。

(71)内：主观。外：客观。分：分别。

(72)辩：通“辨”，辨明。境：界限。

(73)斯：这样，如此。已：而已，指宋荣子的智德仅此而已。

(74)数（shuò）数然：急切追求的样子。

(75)虽然：即便如此。虽，即使。

(76)树：树立，建树。

(77)列子：郑国人，名御寇，战国时代思想家，传说能御风而行。文段借列子乘风飞行，表明有待的道理。御：驾驭。

(78)泠（líng）然：轻妙的样子。善：美妙。

(79)旬有（yòu）五日：十五天。旬，十天。有，通“又”。

(80)有所待：有所凭借。待，依靠。庄子的“有待”与“无待”是哲学范畴，指的是事物是否具备条件。全句是指列子即使可乘风飞行，也仍然不得不凭借他物。

(81)若夫：至于。乘：顺。天地之正：天地万物的本性。正，自然本性。

(82)六气：指阴、阳、风、雨、晦、明。辩：通“变”，变化，与“正”相对。“正”为本根，“辩”为派生。

(83)以游无穷：行游于绝对自由的境界。无穷，绝对自由的境界。

(84)恶（wū）乎待哉：还用什么凭借呢？恶，什么。反问句式加强了“无所待”的意义。

(85)至人：极致的人，庄子心目中境界最高的人。至人、神人、圣人，三者名异实同。无己：指至人破除自我偏执、扬弃小我、摒绝功名束缚的本我，追求绝对自由、通达、物我相忘的境界。

(86)无功：顺应大道不示功名。

(87)无名：不求名望。

导读

《庄子》原有 52 篇，现存 33 篇，分为内篇、外篇、杂篇三部分。一般认为，内篇是庄子所作，《逍遥游》即内篇首篇。本文节选的是文章的第一部分，是全篇的主体。文章对比了许多不能“逍遥”的例子，说明要真正达到自由自在的境界，必须“无己”“无功”“无名”。

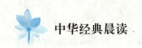

　　文章主题是追求一种自由的状态。作者认为,只有忘却物我界限,达到无己、无功、无名的境界,无所依凭而游于无穷,才是真正的"逍遥游"。

　　文章先是通过大鹏与蜩、学鸠等小动物的对比,阐述了"小"与"大"的区别。在此基础上,作者指出,无论是不善飞翔的蜩与学鸠,还是能借风力飞到九万里高空的大鹏,甚至是可以御风而行的列子,都是"有所待"而不自由的,从而引出并阐述了"至人无己,神人无功,圣人无名"的道理。庄子逍遥游思想的主要内容是从"有所待"进入"无所待"的精神境界。《逍遥游》运用了许多寓言来表述逍遥游的内涵,全文想象丰富,构思新颖,雄奇怪诞,汪洋恣肆,字里行间充满浪漫主义精神。

8 劝学(节选)

荀子

君子①曰:学不可以已②。

青,取之于蓝③,而青于蓝;冰,水为之,而寒于水。木直中绳④,𫐓⑤以为轮,其曲中规⑥。虽有槁暴⑦,不复挺⑧者,𫐓使之然也。故木受绳⑨则直,金就砺⑩则利,君子博学而日参省乎己⑪,则知明而行无过⑫矣。

故不登高山,不知天之高也;不临深溪,不知地之厚也;不闻先王之遗言⑬,不知学问之大也。干、越、夷、貉⑭之子,生而同声,长而异俗,教使之然也。诗曰:"嗟尔君子,无恒安息。靖共尔位,好是正直。神之听之,介尔景福。⑮"神莫大于化道,福莫长于无祸。

吾尝终日而思矣,不如须臾⑯之所学也;吾尝跂⑰而望矣,不如登高之博见⑱也。登高而招,臂非加长也,而见者远;顺风而呼,声非加疾⑲也,而闻者彰⑳。假舆㉑马者,非利足㉒也,而致千里;假舟楫者,非能水㉓也,而绝㉔江河。君子生非异㉕也,善假于物也。

南方有鸟焉,名曰蒙鸠㉖,以羽为巢,而编之以发,系之苇苕㉗,风至苕折,卵破子死。巢非不完也,所系者然也。西方有木焉,名曰射干㉘,茎长四寸,生于高山之上,而临百仞之渊,木茎非能长也,所立者然也。蓬生麻中,不扶而直;白沙在涅,与之俱黑㉙。兰槐㉚之根是为芷,其渐㉛之滫㉜,君子不近,庶人不服㉝。其质非不美也,所渐者然也㉞。故君子居必择乡,游必就士,所以防邪辟而近中正㉟也。

物类之起,必有所始。荣辱之来,必象其德。肉腐出虫,鱼枯生蠹㊱。怠慢忘身,祸灾乃作。强自取柱㊲,柔自取束㊳。邪秽在身,怨之所构㊴。施薪若一,火就燥也,平地若一,水就湿也。草木畴㊵生,禽兽群焉,物各从其类也。是故质的张㊶,而弓矢至焉;林木茂,而斧斤㊷至焉;树成荫,而众

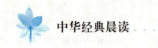

　　鸟息焉。醯㊸酸，而蚋㊹聚焉。故言有招祸也，行有招辱也，君子慎其所立乎！

　　积土成山，风雨兴焉；积水成渊，蛟龙生焉；积善成德，而神明自得，圣心备焉。故不积跬步㊺，无以至千里；不积小流，无以成江海。骐骥㊻一跃，不能十步；驽马十驾㊼，功在不舍。锲㊽而舍之，朽木不折；锲而不舍，金石可镂㊾。蚓无爪牙之利，筋骨之强，上食埃土，下饮黄泉，用心一也。蟹六跪而二螯㊿，非蛇鳝之穴无可寄托者，用心躁也。

　　是故无冥冥㉛之志者，无昭昭㉜之明；无惛惛之事者，无赫赫之功。行衢道者不至，事两君者不容。目不能两视而明，耳不能两听而聪。螣蛇㉝无足而飞，鼫鼠五技而穷㉞。《诗》曰："尸鸠在桑，其子七兮。淑人君子，其仪一兮。其仪一兮，心如结兮㉟！"故君子结于一也。

　　昔者瓠巴㊱鼓瑟，而流鱼出听；伯牙㊲鼓琴，而六马仰秣㊳。故声无小而不闻，行无隐而不形。玉在山而草木润，渊生珠而崖㊴不枯。为善不积邪㊵？安有不闻者乎？

【注释】

①君子：指有学问有修养的人。
②学不可以已(yǐ)：学习不能停止。
③青，取之于蓝：靛青，从蓝草中取得。青，靛青，一种染料。蓝，蓼蓝，一年生草本植物，叶子含蓝汁，可以做蓝色染料。
④中(zhòng)绳：(木材)合乎拉直的墨线。绳，墨线。
⑤𫐓(róu)：通"揉"，古代用火烤木条，使之弯曲。
⑥规：圆规，画圆的工具。
⑦虽有(yòu)槁暴(pù)：即使又晒干了。槁，枯。暴，通"曝"，晒干。
⑧挺：直。
⑨受绳：用墨线量过。
⑩金：指金属制的刀剑等。就砺：拿到磨刀石上去磨。砺，磨刀石。就，动词，接近，靠近。
⑪日参(cān)省(xǐng)乎己：每天使自己反省。日，每天。参，一译检验，检查；二译通"叁"，多次。省，省察。乎，介词，于。博学：广泛地学习。
⑫知(zhì)：通"智"，智慧。明：明达。行无过：行为没有过错。
⑬遗言：犹古训。
⑭干(hán)：通"邗"，古国名，在今江苏省扬州市东北，春秋时被吴国所灭而成为吴邑。夷：中国古代居住在东部的民族。貉(mò)：通"貊"，中国古代居住在东北部的民族。

⑮靖:安。共:通"供"。介:给予。景:大。

⑯须臾(yú):片刻,一会儿。

⑰跂(qǐ):踮起脚后跟。

⑱博见:看见的范围广,见得广。

⑲疾:声音洪亮。

⑳彰:明显,清楚。这里指听得更清楚。

㉑假:凭借,利用。舆:这里指车。

㉒利足:脚走得快。

㉓水:游泳。

㉔绝:横渡。

㉕生(xìng)非异:本性(同一般人)没有差别。生,通"性",天赋,资质。

㉖蒙鸠:即鹪鹩,俗称黄脰鸟,又称巧妇鸟,全身灰色,有斑,常取茅苇一毛一毳为巢。

㉗苕(tiáo):芦苇的花穗。

㉘射(yè)干:又名乌扇,一种草本植物,根可入药,茎细长,多生于山崖之间,形似树木,所以荀子称它为"木",其实是一种草。一说"木"为"草"字之误。

㉙"蓬生麻中"四句:草长在麻地里,不用扶持也能挺立住,白沙混进了黑土里,就会变得和土一样黑。比喻生活在好的环境里,也能成为好人。蓬,蓬草。麻,麻丛。涅,可制黑色染料的矾石。

㉚兰槐:香草名,又叫白芷,开白花,味香。古人称其苗为"兰",称其根为"芷"。

㉛渐(jiān):浸。

㉜滫(xiǔ):此引为脏水、臭水。

㉝服:佩戴。

㉞所渐者然也:被熏陶、影响的情况就是这样的。然,这样。

㉟邪辟:品行不端的人。中正:正直之士。

㊱蠹(dù):蛀蚀器物的虫子。

㊲强自取柱:物性过硬则反易折断。

㊳柔自取束:柔弱的东西自己导致约束。

㊴构:集结。

㊵畴:通"俦",类。

㊶质:箭靶。的(dì):箭靶的中心。

㊷斧斤:斧子。

㊸醯(xī):醋。

㊹蜹(ruì):飞虫名,属蚊类。

㊺跬(kuǐ):行走时两脚之间的距离,等于现在所说的一步、古人所说的半步。步:古人说一步,指左右脚都向前迈一次的距离,等于现在的两步。

㊻骐(qí)骥(jì):骏马,千里马。

㊼驽马十驾:劣马拉车连走十天也能到达。驽马,劣马。驾,古代马拉车时,早晨套上车,晚上卸去,

套车叫驾，所以这里用“驾”指代马车一天的行程。十驾就是套十次车，指十天的行程，此处指代千里的路程。

㊽锲（qiè）：用刀雕刻。

㊾镂（lòu）：原指在金属上雕刻，泛指雕刻。

㊿蟹六跪而二螯（áo）：螃蟹有六只蟹脚，两只蟹钳。跪，蟹脚。螃蟹实际上有八条腿，一说海蟹后面的两条腿只能划水，不能用来走路或自卫，所以不能算在“跪”里面。螯，螃蟹等节肢动物的第一对脚，形如钳。

(51)冥冥：昏暗不明的样子，形容专心致志、埋头苦干。下文“惛惛”与此同义。

(52)昭昭：明白的样子。

(53)螣（téng）蛇：古代传说中的一种能飞的神蛇。

(54)鼫（shí）鼠：原作“梧鼠”。《大戴礼记·劝学》载，鼫鼠能飞但不能飞上屋面，能爬树但不能爬到树梢，能游泳但不能渡过山谷，能挖洞但不能藏身，能奔跑但不能追过人，所以说它“五技而穷”。穷：窘困。

(55)“尸鸠在桑”六句：引自《诗经·国风·曹风·鸤鸠》。仪，仪表，态度。

(56)瓠（hù）巴：楚国人，善于弹瑟。

(57)伯牙：古代善于弹琴的人。

(58)六马：古代天子之车驾用六匹马拉，此指拉车之马。仰秣：《淮南子·说山训》高诱注：“仰秣，仰头吹吐，谓马笑也。”一说“秣”通“末”，头。

(59)崖：岸边。

(60)邪：通“耶”，疑问语气词。

导读

这篇文章围绕“学不可以已”这个中心论点，从学习的意义、作用、态度、内容、方法和目的等方面，有条理、有层次地加以阐述。选文可以分为两部分。第一部分从开头到“君子慎其所立乎”，阐述学习的必要性和需要选择好的学习环境。第二部分从“积土成山”到“安有不闻者乎”，阐述学习必须专心一致、锲而不舍。第二部分主要写了两个方面，一个是“积”，另一个是“一”。通过层层比喻，清楚地阐明学习必须持之以恒。至此，开篇提出的“学不可以已”的中心论点得到了深入的阐发和充分的论证。

《劝学》在写作上的一大特色是通过比喻阐述道理、论证论点。全文除少数地方直接说明道理外，几乎都是比喻。文中运用了大量生活中常见的比喻，把抽象的道理说得明白、具体、生动，深入浅出。文章的条理十分清晰，基本上是每段阐述一个具体问题，而且总在段落的开头、结尾部分做出明确的交待。文章中，作者有时采用对比的方法，将两种相反的情况组织在一起，形成鲜明对比，以增强文字的说服力。

9 颜氏家训（节选）

颜之推

1. 夜觉晓非，今悔昨失。（《序致第一》）

2. 吾见世间，无教而有爱，每不能然；饮食运为，恣其所欲，宜诫翻奖，应诃反笑，至有识知，谓法当尔。骄慢已习，方复制之，捶挞至死而无威，忿怒日隆而增怨，逮于成长，终为败德。（《教子第二》）

3. 夫风化者，自上而行于下者也，自先而施于后者也。是以父不慈则子不孝，兄不友则弟不恭，夫不义则妇不顺矣。（《治家第五》）

4. 然则可俭而不可吝已。俭者，省约为礼之谓也；吝者，穷急不恤之谓也。今有施则奢，俭则吝；如能施而不奢，俭而不吝，可矣。（《治家第五》）

5. 人在年少，神情未定，所与款狎，熏渍陶染，言笑举动，无心於学，潜移暗化，自然似之，何况操履艺能，较明易习者也！（《慕贤第七》）

6. 是以与善人居，如入芝兰之室，久而自芳也；与恶人居，如入鲍鱼之肆，久而自臭也。（《慕贤第七》）

7. 夫所以读书学问，本欲开心明目，利于行耳。（《勉学第八》）

8. 观天下书未遍，不得妄下雌黄①。（《勉学第八》）

9. 多为少善，不如执一；鼯鼠五能，不成伎术。（《省事第十二》）

10. 夫生不可不惜，不可苟惜。涉险畏之途，干祸难之事，贪欲以伤生，谗慝而致死，此君子之所惜哉！行诚孝而见贼，履仁义而得罪，丧身以全家，泯躯而济国，君子不咎也。（《养生第十五》）

【注释】

①雌黄：一种矿物，可做颜料或褪色剂。古人抄书、校书常用雌黄涂改文字，因此称乱改文字、乱发议论为妄下雌黄。

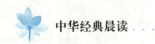

  古代家训,大多浓缩了作者毕生的生活经历、人生体验和学术思想等方面的内容,不仅他的子孙从中获益颇多,就是今人读来也大有可借鉴之处。《颜氏家训》作为传统社会的典范教材,直接开后世"家训"的先河,是我国古代家庭教育理论宝库中的一份珍贵遗产。

  颜之推无赫赫之功,也未列显官之位,却因一部《颜氏家训》而享千秋盛名,被陈振孙誉为"古今家训之祖"。该书是中国文化史上的一部重要典籍,不仅表现在"质而明,详而要,平而不诡"的文章风格和"兼论字画音训,并考正典故,品第文艺"的内容方面,而且表现在"述立身治家之法,辨正时俗之谬"的精神上。因此,历代学者对该书推崇备至,视之为垂训子孙以及进行家庭教育的典范。《颜氏家训》多次重刻,历千余年而不佚,影响深远。

10 弟子规

李毓秀

总叙

弟子①规,圣人训。首孝弟②,次谨信。
泛爱众,而亲仁。有余力,则学文③。

入则孝④

父母呼,应勿缓;父母命,行勿懒。
父母教,须敬听;父母责,须顺承⑤。
冬则温,夏则凊⑥,晨则省⑦,昏则定⑧。
出必告,反⑨必面,居有常⑩,业无变。
事虽小,勿擅为;苟擅为,子道亏。
物虽小,勿私藏;苟私藏,亲心伤。
亲所好,力为具⑪;亲所恶,谨为去⑫。
身有伤,贻亲忧⑬;德有伤,贻亲羞。
亲爱我,孝何难? 亲恶我,孝方贤。
亲有过,谏使更;怡吾色,柔吾声⑭。
谏不入⑮,悦复谏;号泣随,挞⑯无怨。
亲有疾,药先尝;昼夜侍,不离床。
丧三年,常悲咽;居处变⑰,酒肉绝。
丧尽礼,祭尽诚;事⑱死者,如事生。

出则弟⑲

兄道友,弟道恭;兄弟睦,孝在中。
财物轻,怨何生;言语忍,忿⑳自泯㉑。
或饮食,或坐走;长者先,幼者后。

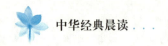

长呼②人,即代叫;人不在,已即到。
称尊长,勿呼名;对尊长,勿见㉓能。
路遇长,疾趋揖㉔;长无言,退恭立。
骑下马,乘下车;过犹待㉕,百步余。
长者立,幼勿坐;长者坐,命乃坐。
尊长前,声要低;低不闻,却非宜。
进必趋,退必迟;问起对,视勿移。
事诸父,如事父;事诸兄㉖,如事兄。

谨㉗

朝起早,夜眠迟;老易至,惜此时。
晨必盥㉘,兼漱口;便溺回,辄㉙净手。
冠必正,纽必结;袜与履,俱紧切。
置冠服,有定位;勿乱顿㉚,致污秽㉛。
衣贵洁,不贵华;上循分㉜,下称㉝家。
对饮食,勿拣择;食适可,勿过则㉞。
年方少,勿饮酒;饮酒醉,最为丑。
步从容,立端正;揖深圆,拜恭敬。
勿践阈㉟,勿跛㊱倚;勿箕踞,勿摇髀㊲。
缓揭帘,勿有声;宽转弯,勿触棱。
执虚器,如执盈㊳;入虚室,如有人。
事勿忙,忙多错;勿畏难,勿轻略㊴。
斗闹场㊵,绝勿近;邪僻事㊶,绝勿问。
将入门,问孰存;将上堂,声必扬。
人问谁,对以名,吾与我,不分明。
用人物,须明求,倘㊷不问,即为偷。
借人物,及时还;人借物,有勿悭。

信㊸

凡出言,信为先;诈与妄㊹,奚可焉㊺。
话说多,不如少;惟㊻其是㊼,勿佞巧㊽。

刻薄语,秽污词⁴⁹;市井气⁵⁰,切戒之。
见未真,勿轻言;知未的⁵¹,勿轻传。
事非宜,勿轻诺;苟轻诺,进退错。
凡道字⁵²,重且舒⁵³;勿急疾,勿模糊。
彼说长,此说短⁵⁴;不关己,莫闲管⁵⁵。
见人善,即思齐;纵⁵⁶去远,以渐跻⁵⁷。
见人恶,即内省⁵⁸;有则改,无加警。
惟德学,惟才艺;不如人,当自砺。
若衣服,若饮食;不如人,勿生戚⁵⁹。
闻过怒,闻誉乐;损友来,益友却⁶⁰。
闻誉恐,闻过欣;直谅士⁶¹,渐相亲。
无心非⁶²,名为错;有心非,名为恶。
过能改,归于无;倘掩饰,增一辜⁶³。

泛爱众⁶⁴

凡是人,皆须爱;天同覆⁶⁵,地同载⁶⁶。
行高者,名自高;人所重,非貌高。
才大者,望自大;人所服,非言大⁶⁷。
己有能,勿自私;人所能,勿轻訾⁶⁸。
勿谄富,勿骄贫⁶⁹;勿厌故,勿喜新。
人不闲,勿事搅;人不安,勿话扰。
人有短,切莫揭;人有私,切莫说。
道人善,即是善;人知之,愈思勉。
扬人恶,即是恶;疾之甚,祸且作。
善相劝,德皆建;过不规,道两亏。
凡取与,贵分晓;与宜多,取宜少。
将加人,先问己;己不欲,即速已⁷⁰。
恩欲报,怨欲忘;报怨短,报恩长。
待婢仆,身贵端⁷¹;虽贵端,慈而宽。
势服人,心不然;理服人,方无言。

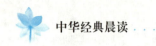

亲仁⑫

同⑬是人,类不齐;流俗众⑭,仁者稀。
果仁者,人多畏;言不讳⑮,色不媚。
能亲仁,无限好;德日进,过日少。
不亲仁,无限害;小人进,百事坏。

余力学文⑯

不力行,但学文;长浮华,成何人。
但力行,不学文;任己见,昧理真。
读书法,有三到;心眼口,信⑰皆要。
方读此,勿慕彼;此未终,彼勿起。
宽为限,紧用功;工夫到,滞塞通。
心有疑,随札记⑱;就人问,求确义。
房室清,墙壁净;几案洁,笔砚正。
墨磨偏,心不端;字不敬,心先病。
列典籍,有定处;读看毕,还原处。
虽有急,卷束⑲齐;有缺损,就补之。
非圣书⑳,屏勿视;蔽聪明,坏心志㉑。

结束语

勿自暴,勿自弃;圣与贤,可驯致㉒。

【注释】
①弟子:对学生的称谓。每个人都是活到老学到老,都可以是学生。
②弟:通"悌"(tì),即兄长要用心爱护弟妹,弟妹要用心尊重兄长。
③文:文献典籍。
④入则孝:在日常生活中要孝顺父母。
⑤顺承:顺从地接受。
⑥清(qìng):凉爽。
⑦省(xǐng):问安,请安,即早上问父母休息得好不好,如果不好,就帮助父母解决身体或心理等遇到的问题。
⑧定:晚上看看父母是否安好,并汇报自己的情况,让父母对自己放心、安心入睡。
⑨反:通"返",返家,返回。

⑩常:固定不变,保持常规,即平时起居作息要保持正常有规律,做事遵守常规,不要任意改变,以免父母忧虑。

⑪具:置办,准备。

⑫谨:认真、严肃、恭敬的态度。去:去掉、除去。

⑬贻:遗留,此处引申为带给。

⑭怡:和悦。柔:柔和,温和。

⑮入:听取,采纳。

⑯挞(tà):鞭打。

⑰居处变:居丧期间,子女的日常生活起居应当有所变化、简化,以示孝道,如夫妻分居、禁食酒肉等。

⑱事:对待,侍候。

⑲出则弟:在日常生活中友爱兄弟姐妹。

⑳忿(fèn):愤怒,怨恨。

㉑泯(mǐn):泯灭,消失。

㉒呼:呼喊,呼唤。

㉓见(xiàn)能:通"现",炫耀自己的才能。

㉔揖(yī):作揖,古时的一种拱手礼。

㉕乘(chéng):乘坐在车中。犹:还,还要。待:等待。这里指在原地稍等片刻。

㉖事:对待。诸父:伯父、叔父。诸兄:同族兄长,堂兄。

㉗谨:一切言行中,要谨慎。

㉘盥(guàn):洗手。

㉙辄:立即。

㉚顿:放置。

㉛秽:弄脏。

㉜华:华贵。分(fèn):身份,地位,等级。

㉝称(chèn):和家里的身份相称。

㉞则:规定。

㉟阈(yù):门槛。

㊱跛(bǒ):偏。

㊲箕踞(jī jù):两腿叉开蹲着或坐着。髀(bì):大腿。

㊳盈:满。

㊴轻略:轻率随便而敷衍了事。

㊵斗闹场:发生打斗的场所。

㊶邪僻(pì)事:邪恶怪僻的事情。

㊷倘:假若。

㊸信:讲信用。

㊹诈:欺骗。妄:胡言乱语。

㊺奚可焉：做人怎么可以这样呢？奚，何，怎么。

㊻惟：应当。

㊼是：恰当，无误。

㊽佞巧：花言巧语骗人。

㊾秽污词：脏而不雅的词句。

㊿市井气：无赖之徒的口气。

(51)知未的：对于事情了解得不够清楚。

(52)道字：说话吐字。

(53)舒：流畅。

(54)长：长处。长短即是非。

(55)不关己，莫闲管：与己无关就不要多管闲事。

(56)纵：虽然。

(57)跻(jī)：登，上升。渐跻：慢慢赶上。

(58)省：检查自己的思想和言行。

(59)戚：悲戚。

(60)却：离开。

(61)直谅士：正直、诚实、善良的朋友。

(62)非：用作动词，做坏事。

(63)增一辜：又增加一项掩饰的罪过。辜，罪过。

(64)泛爱众：和大众相处时要平等博爱。

(65)覆：遮盖。

(66)载：承担。

(67)言大：夸大其词，吹嘘。

(68)訾(zǐ)：诋毁，怨恨。

(69)勿谄(chǎn)富，勿骄贫：对富有的人不谄媚求荣，对贫穷的人不表现出骄傲自大的样子。《礼记·坊记》载："小人贫斯约，富斯骄；约斯盗，骄斯乱。"

(70)已：停止。

(71)端：直，正。

(72)亲仁：亲近有仁德的人，向他学习。仁，指品德高尚的人。

(73)同：同样。

(74)类：类别。流俗：品行一般的普通人。

(75)畏：敬畏。讳：隐瞒。

(76)余力学文：有余暇，更应努力地学习礼、乐、射、御、书、数等六艺，各种经典，以及其他有益的学问。这里有余力、有余暇，是指把"孝、悌、谨、信、泛爱众、亲仁"做好的基础上，有时间了，再学习技能、礼乐及各种文化知识。可见，古人非常重视一个人的道德品质，即德行。

(77)信：的确，确实。

(78)札记：记下来。札，古时写字的小木片。

⑦⑨卷:书本。束:捆绑。
⑧⓪圣书:指传播圣贤道理的书籍。
⑧①蔽聪明,坏心志:因为书里面不正当的事理会蒙蔽我们的智慧,败坏我们的意志。
⑧②驯:渐进,逐渐。致:达到。

导读

《弟子规》原名《训蒙文》,为清朝康熙年间秀才李毓秀编撰,以《论语·学而篇》第六条即"弟子入则孝,出则弟,谨而信,泛爱众,而亲仁,行有余力,则以学文"为中心,具体列述弟子在家、出外、待人、接物与学习等方面应该恪守的守则规范。乾隆年间贾存仁加以修订整理,改称《弟子规》。所谓"弟子",不是一般的意义,而是指要做圣贤弟子,而"规"则是"夫""见"二字的合体,意思是大丈夫的见识。《弟子规》便是说,要学习圣贤经典,做圣贤弟子,成为大丈夫。该书内容涉及生活起居、衣服纽冠、行为仪止、道德品性、处世之道等,详于道德教育。此书是启蒙养正,教育后辈子弟远邪小、走正道,养成忠厚家风的必备读物。文笔自然流畅,朴实无华,影响深远,在中国传统文化中占有重要地位。

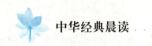

11 格言联璧(节选)

(学问类)

古今来许多世家,无非积德。天地间第一人品,还是读书。
读书即未成名,究竟人高品雅。修德不期获报,自然梦稳心安。
为善最乐,读书便佳。
……
聪明用于正路,愈聪明愈好,而文学功名,益成其美。聪明用于邪路,愈聪明愈谬,而文学功名,适济其奸。
……
经济出自学问,经济方有本源;心性见之事功,心性方为圆满。
……
收吾本心在腔子里,是圣贤第一等学问;尽吾本分在素位中,是圣贤第一等工夫。
……
宇宙内事,乃己分内事;己分内事,乃宇宙内事。
身在天地后,心在天地前;身在万物中,心在万物上。
……
万里澄彻,则一心愈精而愈谨。一心凝聚,则万里愈通而愈流。
……
观天地生物气象,学圣贤克己工夫。
下手处是自强不息,成就处是至诚无息。
以圣贤之道教人易,以圣贤之道治己难;以圣贤之道出口易,以圣贤之道躬行难;以圣贤之道奋始易,以圣贤之道克终难。
圣贤学问是一套,行王道必本天德;后世学问是两截,不修己只管治人。

……

接人要和中有介,处事要精中有果,认理要正中有道通。

……

古之学者得一善言,附于其身;今之学者得一善言,务以悦人。

古之君子病其无能也,学之;今之君子耻其无能也,讳之。

眼界要阔,遍历名山大川;度量要宏,熟读五经诸史。

……

心不欲杂,杂则神荡而不收;心不欲劳,劳则神疲而不入。

心慎杂欲,则有余灵;目慎杂观,则有余明。

……

案上不可多书,心中不可少书。

鱼离水则身枯,心离书则神索。

……

读书贵能疑,疑乃可以启信。读书在有渐,渐乃克底有成。

爱惜精神,留他日担当宇宙。蹉跎岁月,问何时报答君亲。

戒浩饮,浩饮伤神。戒贪色,贪色灭神。戒厚味,厚味昏神。戒饱食,饱食闷神。戒妄动,妄动乱神。戒多言,多言伤神。戒多忧,多忧郁神。戒多思,多思挠神。戒久睡,久睡倦神。戒久读,久读枯神。

导 读

作者自序:"余自道光丙午岁,敬承先志,辑《几希录续刻》。工竣后,遍阅先哲语录,遇有警世名言辄手录之。积久成帙,编为十类,题曰《觉觉录》。惟卷帙繁多,工资艰巨,未能遽付梓人。因将《录》内整句先行刊布,名《格言联璧》,以公同好。至全《录》之刻,姑俟异日云。咸丰元年辛亥仲夏,山阴金缨兰生氏谨识。"

作者的用意在于以金科玉律之言,作暮鼓晨钟之警,即用圣贤先哲的至理格言来鞭策启迪童蒙,使人从小懂得做人的道理,树立远大的人生志向、努力进取,长大以后成为于国于家有用的人。书中不乏为人处世的智慧法则、治家教子的谆谆教诲、修身养性的至理箴言,字字珠玑,句句中肯,雅俗共赏,发人深省。其说理之切、举事之赅、择辞之精、成篇之简,皆冠绝古今,堪称修身养性的人生智慧、千古不移的至理名言。

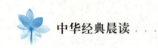

12 报任安书(节选)

司马迁

古者富贵而名摩灭,不可胜记,唯倜傥①非常之人称焉。盖文王拘而演《周易》②;仲尼厄而作《春秋》③;屈原④放逐,乃赋《离骚》;左丘失明,厥有《国语》⑤;孙子膑脚⑥,《兵法》修列;不韦⑦迁蜀,世传《吕览》;韩非⑧囚秦,《说难》《孤愤》;《诗》三百篇⑨,大底圣贤发愤之所为作也。此人皆意有所郁结,不得通其道,故述往事、思来者。乃如左丘无目,孙子断足,终不可用,退而论书策,以舒其愤,思垂空文以自见。

仆窃不逊,近自托于无能之辞,网罗天下放失⑩旧闻,略考其行事,综其终始,稽其成败兴坏之纪,上计轩辕,下至于兹,为十表,本纪十二,书八章,世家三十,列传七十,凡百三十篇。亦欲以究天人之际,通古今之变,成一家之言。草创未就,会遭此祸,惜其不成,是以就极刑而无愠⑪色。仆诚已著此书,藏之名山,传之其人,通邑大都,则仆偿前辱之责,虽万被戮,岂有悔哉!然此可为智者道,难为俗人言也!

【注释】

①倜傥:豪迈不受拘束。

②文王拘而演《周易》:传说周文王被殷纣王拘禁,把古代的八卦推演为六十四卦,成为《周易》的骨干。

③仲尼厄而作《春秋》:孔丘,字仲尼,周游列国宣传儒道,在陈地和蔡地受到围攻和绝粮之苦,返回鲁国作《春秋》一书。

④屈原:曾两次被楚王放逐,幽愤而作《离骚》。

⑤左丘:春秋时鲁国史官左丘明。《国语》:史书,相传为左丘明撰著。

⑥孙子:春秋战国时著名军事家孙膑。膑脚:孙膑曾与庞涓一起师从鬼谷子习兵法,后庞涓为魏惠王将军,骗孙膑入魏,割去了他的髌骨(膝盖骨)。孙膑有《孙膑兵法》传世。

⑦不韦:吕不韦,战国末年大商人,秦初为相国,曾命门客著《吕氏春秋》(一名《吕览》)。始皇十年,

令吕不韦举家迁蜀,吕不韦自杀。

⑧韩非:战国后期韩国公子,师从荀子,入秦被李斯所谗,下狱死。著有《韩非子》,《说难》《孤愤》是其中的两篇。

⑨《诗》三百篇:《诗经》共有三百零五篇,此举其成数。

⑩失:读为"佚"。

⑪愠:怒。

《报任安书》是中国古典文学史上一篇极富抒情性的长篇书信,内容极其丰富。这篇文章是司马迁写给任安的回信。任安是司马迁的朋友,曾经在狱中写信给司马迁,叫他利用中书令的地位"推贤进士"。司马迁给他回了这封信。这封书信的思想内容主要表现为四个方面:第一,反映了司马迁的正直性格,揭露了封建统治者的一些恶劣行为;第二,反映了封建刑狱制度的黑暗、残酷;第三,在中国文学史上最早提出了"发愤著书"的理论;第四,揭露封建帝王对待史官的态度,说明自己写作《史记》的情况。本文节选自第三部分,具体阐明作者受腐刑后隐忍苟活的原因是完成《史记》,可分为两层。第一层,从"古者富贵而名摩灭"至"思垂空文以自见",列举古代被人称颂的"倜傥非常之人"受辱后"论书策以舒其愤"的例子;第二层,介绍《史记》的体例和宗旨,说明自己"就极刑而无愠色"是为了完成《史记》。

这篇文章是司马迁文学艺术素养的自然流露,充分体现了司马迁散文的特色。全文融议论、抒情、叙事于一体,文情并茂。叙事简括,叙述均为议论做铺垫,而议论之中感情自现;大量的铺排,增强了感情抒发的气势;典故的运用,使感情更加慷慨激昂,深沉壮烈。司马迁用周文王、孔子、屈原等古圣先贤愤而著书的典故,表明了自己隐忍的苦衷、坚强的意志和奋斗的决心。这些典故让我们更深刻地感受到了作者伟大的人格和沉郁的感情。《报任安书》见识深远,辞气雄沉,情怀慷慨,言论剀切,是激切感人的至情之作。

13 岳阳楼记①

范仲淹

庆历四年②春,滕子京谪守巴陵郡③。越明年④,政通人和⑤,百废具兴⑥,乃⑦重修岳阳楼,增其旧制⑧,刻唐贤今人⑨诗赋于其上,属予作文以记之⑩。

予观夫巴陵胜状⑪,在洞庭一湖。衔⑫远山,吞长江,浩浩汤汤⑬,横无际涯⑭,朝晖夕阴,气象万千⑮,此则岳阳楼之大观也⑯,前人之述备矣⑰。然则⑱北通巫峡,南极潇湘⑲,迁客骚人⑳,多会㉑于此,览物之情,得无异乎㉒?

若夫淫雨霏霏㉓,连月不开㉔,阴风怒号,浊浪排空㉕,日星隐曜㉖,山岳潜形㉗,商旅不行㉘,樯倾楫摧㉙,薄暮冥冥㉚,虎啸猿啼。登斯楼也,则有㉛去国怀乡,忧谗畏讥㉜,满目萧然,感极而㉝悲者矣。

至若春和景明㉟,波澜不惊㊱,上下天光,一碧万顷㊲,沙鸥翔集,锦鳞游泳㊳,岸芷汀兰㊴,郁郁㊵青青。而或长烟一空㊶,皓月千里㊷,浮光跃金㊸,静影沉璧㊹,渔歌互答㊺,此乐何极㊻!登斯楼也,则有心旷神怡㊼,宠辱偕忘㊽,把酒临风㊾,其喜洋洋者矣。

嗟夫㊿!予尝求古仁人之心○52,或异二者之为○53,何哉?不以物喜,不以己悲○54,居庙堂之高则忧其民○55,处江湖之远则忧其君○56。是进亦忧,退亦忧。然则何时而乐耶?其必曰"先天下之忧而忧,后天下之乐而乐"○57乎!噫!微斯人,吾谁与归○58?时六年九月十五日。

【注释】

①记:一种文体,可以写景、叙事,多为议论,但目的是抒发作者的情怀和政治抱负(阐述作者的某些观念)。

②庆历四年:公元1044年。庆历,宋仁宗赵祯的年号。

40

③滕子京谪(zhé)守巴陵郡:滕子京降职任岳州知州。滕子京,名宗谅,子京是他的字,范仲淹的朋友。谪守,把被革职的官吏或犯了罪的人充发到边远地方,在这里作为动词,指被贬官、降职。谪,封建王朝官吏降职或远调。守,做郡的长官。汉朝"守某郡",就是做某郡的太守;宋朝废郡称州,应说"知某州"。巴陵郡,今湖南省岳阳市,这里沿用古称。

④越明年:有三说,其一指庆历五年,为针对庆历四年而言;其二指庆历六年,此"越"为经过、经历;其三指庆历七年,针对作记时间庆历六年而言。

⑤政通人和:政事顺利,百姓和乐。政,政事。通,通顺。和,和乐。这是赞美滕子京的话。

⑥百废具兴:各种荒废的事业都兴办起来了。百,不是确指,形容其多。废,这里指荒废的事业。具,通"俱",全,皆。兴,复兴。

⑦乃:于是。

⑧制:规模。

⑨唐贤今人:唐代和当代名人。贤,形容词作名词用。

⑩属(zhǔ):通"嘱",嘱咐。予:我。作文:写文章。以:连词,用来。记:记述。

⑪夫:那。胜状:胜景,好景色。

⑫衔:包含。

⑬浩浩汤汤(shāng):水势浩大的样子。汤汤,水流大而急。

⑭横无际涯:宽阔无边。横,广远。际涯,边际。际专指陆地的边界,涯专指水的边界。

⑮朝晖夕阴,气象万千:或早或晚(一天里)阴晴多变。朝,在早晨,名词做状语。晖,日光。气象,景象。万千,千变万化。

⑯此则岳阳楼之大观也:这就是岳阳楼的雄伟景象。则,就。大观,雄伟景象。

⑰前人之述备矣:前人的记述很详尽了。前人之述,指上面说的"唐贤今人诗赋"。备,详尽,完备。矣,语气词"了"。之,助词,的。

⑱然则:虽然如此,那么。

⑲南极潇湘:南面直到潇水、湘水。潇水和湘水在湖南零陵汇合后称潇湘。南,向南。极,尽,最远到达。

⑳迁客:谪迁的人,指降职远调的人。骚人:诗人。战国时屈原作《离骚》,因此后人也称诗人为骚人,后泛指文人。

㉑多:大多。会:聚集。

㉒览物之情,得无异乎:看到自然景物而引发的情感,恐怕会有所不同吧? 览,观看,欣赏。得无……乎,大概……吧。

㉓若夫:用在一段话的开头以引起下文。下文的"至若",同此。"若夫"近似"像那"。"至若"近似"至于"。淫雨:连绵不断的雨。霏霏:雨或雪(繁密)纷纷而下的样子。

㉔开:(天气)放晴。

㉕排空:冲向天空。

㉖日星隐曜(yào):太阳和星星隐藏起光辉。曜(不为耀),光芒。

㉗山岳潜形:山岳隐没了形体。岳,高大的山。潜,隐没。形,形迹。

㉘行:走,此指前行。

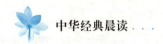

㉙樯(qiáng)倾楫(jí)摧:桅杆倒下,船桨折断。樯,桅杆。楫,船桨。倾,倒下。摧,折断。

㉚薄暮冥冥:傍晚天色昏暗。薄,迫近。冥冥,昏暗的样子。

㉛则:就。有:产生……的(情感)。

㉜去国怀乡,忧谗畏讥:离开国都,怀念家乡,担心(人家)说坏话,惧怕(人家)批评指责。去,离开。国,国都,指京城。忧,担忧。谗,谗言。讥,嘲讽。

㉝萧然:凄凉冷落的样子。

㉞感极:感慨到了极点。而:连词,表顺接。

㉟至若春和景明:至于到了春天气候暖和、阳光普照的时节。至若,至于。春和,春风和煦。景,日光。明,明媚。

㊱波澜不惊:湖面平静,没有惊涛骇浪。惊,这里有"起""动"的意思。

㊲上下天光,一碧万顷:天色湖面光色交映,一片碧绿,广阔无边。一,一片。万顷,极言其广。

㊳沙鸥翔集,锦鳞游泳:沙鸥时而飞翔,时而停歇,美丽的鱼在水中游来游去。沙鸥,沙洲上的鸥鸟。翔集,时而飞翔,时而停歇。集,栖止,鸟停息在树上。锦鳞,指美丽的鱼。鳞,代指鱼。游泳,或浮或沉。古时浮水为游,潜水为泳。

㊴岸芷(zhǐ)汀(tīng)兰:岸上的小草,小洲上的兰花。芷,香草的一种。汀,小洲,水边平地。

㊵郁郁:形容草木茂盛。

㊶而或长烟一空:有时大片烟雾完全消散。或,有时。长,大片。一,全。空,消散。

㊷皓月千里:皎洁的月光照耀千里。

㊸浮光跃金:湖水波动时,浮在水面上的月光闪耀起金光。这是描写月光照耀下的水波。

㊹静影沉璧:湖水平静时,明月映入水中,好似沉下一块玉璧。这里写无风时水中的月。沉璧,沉入水中的璧玉。

㊺互答:一唱一和。

㊻何极:哪有穷尽。何,怎么。极,穷尽。

㊼心旷神怡:心情开朗,精神愉快。旷,开阔。怡,愉快。

㊽宠辱偕忘:荣耀和屈辱一并都忘了。宠,荣耀。辱,屈辱。偕,一起,一并。

㊾把酒临风:端酒面对着风,就是在清风吹拂中端起酒来喝。把,持,执。临,面对。

㊿洋洋:高兴的样子。

(51)嗟(jiē)夫:唉。嗟和夫为两个词,皆为语气词。

(52)尝:曾经。求:探求。古仁人:古时品德高尚的人。心:思想(感情心思)。

(53)或异二者之为:或许不同于(以上)两种心情。或,近于"或许""也许"的意思,表委婉口气。为,这里指心理活动,即两种心情。二者,这里指前两段的"悲"与"喜"。

(54)不以物喜,不以己悲:不因为外物好坏和自己得失而或喜或悲(此句为互文)。以,因为。

(55)居庙堂之高则忧其民:在朝中做官就担忧百姓。居庙堂之高,处在高高的庙堂上,意为在朝中做官。庙,宗庙。堂,殿堂。庙堂,指朝廷。下文的"进",即"居庙堂之高"。

(56)处江湖之远则忧其君:不在朝廷任职,就为君主的统治而担忧。处江湖之远,处在偏远的江湖间,意思是不在朝廷上做官。之,定语后置的标志。是,这样。下文的"退",即"处江湖之远"。

(57)先天下之忧而忧,后天下之乐而乐:在天下人担忧之前先担忧,在天下人享乐之后才享乐。先,

在……之前。后,在……之后。

㊳微斯人,吾谁与归:(如果)没有这种人,那我同谁一道呢?微,(如果)没有。斯人,这种人(指前文的"古仁人")。谁与归,就是"与谁归"。归,归依。

导读

　　《岳阳楼记》开头即切入正题,叙述事情的本末缘起,以"庆历四年春"点明时间,格调庄重雅正;说滕子京为"谪守",暗喻对仕途沉浮的悲慨,为后文抒情设伏。下面仅用"政通人和,百废具兴"八个字,写出了滕子京的政绩,引出重修岳阳楼和作记一事,为全文的导引。第二段,先总说"巴陵胜状,在洞庭一湖",设定了下文写景范围。经"然则"一转,引出新的意境,由单纯写景,到以情景交融的笔法来写"迁客骚人"的"览物之情",从而构出全文的主体情感。第三、四段是两个排比段,并行而下,一悲一喜,一暗一明,像两股不同的情感,传达出景与情互相感应的两种截然相反的人生情境。第五段是全篇的重心,以"嗟夫"开启,兼有抒情和议论的意味。作者在列举了悲喜两种情境后,笔调突然激扬,道出了超乎这两者之上的一种更高的理想境界,那就是"不以物喜,不以己悲"。感物而动,因物悲喜虽然是人之常情,但并不是做人的最高境界。古代的仁人,有坚定的意志,不为外界条件的变化而动摇。

　　这篇文章表现了作者虽身居江湖,却心忧国事;虽遭迫害,仍不放弃理想的顽强意志。同时,表达了对被贬友人的鼓励和安慰。《岳阳楼记》的不朽,是在于它的思想境界的崇高。欧阳修在为范仲淹写的碑文中说,他从小就有志于天下,常自诵曰:"士当先天下之忧而忧,后天下之乐而乐也。"可见《岳阳楼记》末尾所说的"先天下之忧而忧,后天下之乐而乐",是范仲淹一生行为的准则。全文融记叙、写景、抒情、议论为一体,动静相生,明暗相衬,文词简约,音节和谐,用排偶章法作景物对比,是杂记中的创新。

14 安乐铭(节选)

苏洵

人禀天地正气,原为万物之灵。
家齐而后国治,正己始可修身。
圣贤千言万语,无非纲纪人伦。
竭力孝养父母,劬①劳恩似海深。

【注释】

①劬(qú):劳苦;勤劳。

苏洵(1009—1066),字明允,四川眉山人。史传皆言其二十七岁始发愤为学。岁余举进士,又举茂才异等,皆不中,乃悉焚所为文,闭户读书,遂通六经、百家之说,下笔顷刻数千言,以文章著称于世。苏洵文章言及抗辽、土地兼并、特权等现实内容,文风雄健,与子苏轼、苏辙并称"三苏",俱位列"唐宋八大家"。铭是一种刻在器物上用来警戒自己、称述功德的文字,后来成为一种文体,这种文体一般都是用韵的。《安乐铭》从孝亲、婚嫁、学习等多方面阐述了作者对人生的体悟,值得我们细细品读。

15 正气歌并序

文天祥

予囚北庭①,坐一土室。室广八尺,深可四寻②。单扉③低小,白间④短窄,污下⑤而幽暗。当此夏日,诸气萃然⑥:雨潦⑦四集,浮动床几,时则为水气;涂泥半朝⑧,蒸沤历澜⑨,时则为土气;乍晴⑩暴热,风道四塞⑪,时则为日气;檐阴薪爨⑫,助长炎虐⑬,时则为火气;仓腐寄顿⑭,陈陈逼人⑮,时则为米气;骈肩杂遝⑯,腥臊⑰汗垢,时则为人气;或圊溷⑱、或毁尸⑲、或腐鼠,恶气杂出,时则为秽⑳气。叠是数气㉑,当侵沴,鲜㉒不为厉㉓。而予以孱弱㉔,俯仰其间㉕,於兹㉖二年矣,幸而无恙,是殆有养致然尔㉗。然亦安知所养何哉㉘?孟子曰:"吾善养吾浩然之气㉙。"彼气有七,吾气有一,以一敌七,吾何患焉㉚!况浩然者,乃天地之正气也,作正气歌一首。

天地有正气,杂然赋流形㉛。下则为河岳,上则为日星㉜。
于人曰浩然,沛乎塞苍冥㉝。皇路当清夷㉞,含和吐㉟明庭。
时穷节乃见㊱,一一垂丹青㊲。在齐太史简㊳,在晋董狐笔㊴。
在秦张良椎㊵,在汉苏武节㊶。为严将军㊷头,为嵇侍中㊸血。
为张睢阳㊹齿,为颜常山㊺舌。或为辽东帽㊻,清操厉冰雪㊼。
或为出师表㊽,鬼神泣壮烈㊾。或为渡江楫㊿,慷慨吞胡羯㈤。
或为击贼笏㈥,逆竖㈦头破裂。是气所磅礴㈧,凛烈㈨万古存。
当其贯日月,生死安足论㈩。地维赖以立,天柱赖以尊㈪。
三纲实系命㈫,道义为之根㈬。嗟予遘阳九㈭,隶也实不力㈮。
楚囚缨其冠㈯,传车送穷北㉀。鼎镬甘如饴㉁,求之不可得。
阴房阗鬼火㉂,春院闷天黑。牛骥同一皂,鸡栖凤凰食㉃。
一朝蒙雾露㉄,分作沟中瘠㉅。如此再寒暑㉆,百沴自辟易㉇。
嗟哉沮洳场㉈,为我安乐国。岂有他缪巧,阴阳不能贼㉉。

> 顾此耿耿在⑭,仰视浮云白⑮。悠悠我心悲,苍天曷有极⑯。
> 哲人日已远⑰,典刑在夙昔⑱。风檐展书读⑲,古道照颜色。⑳

【注释】

①予:我,一作余。北庭:指元朝首都大都(今北京市)。

②寻:古时八尺为一寻。

③单扉:单扇门。

④白间:窗户。

⑤污下:低下。

⑥萃然:聚集的样子。

⑦雨潦:下雨形成的地上积水。

⑧涂泥半朝:"朝"通"潮",意思是狱房墙上涂的泥有一半是潮湿的。

⑨蒸沤历澜:热气蒸,积水沤,到处都杂乱不堪。澜,澜漫,杂乱。

⑩乍晴:刚晴,初晴。

⑪风道四塞:四面的风道都堵塞了。

⑫薪爨(cuàn):烧柴做饭。

⑬炎虐:炎热的暴虐。

⑭仓腐寄顿:仓库里储存的米谷腐烂了。

⑮陈陈逼人:陈旧的粮食年年相加,霉烂的气味使人难以忍受。陈陈,陈陈相因,出自《史记·八书·平准书》:"太仓之粟,陈陈相因。"

⑯骈肩杂遝(tà):肩挨肩,拥挤杂乱的样子。

⑰腥臊:鱼肉发臭的气味,此指因徒身上发出的酸臭气味。

⑱圊溷(qīng hún):厕所。

⑲毁尸:毁坏的尸体。

⑳秽:肮脏。

㉑叠是数气:这些气加在一起。

㉒鲜:很少。

㉓沴:病。

㉔孱弱:虚弱。

㉕俯仰其间:生活在那里。

㉖於兹:至今。

㉗是殆有养致然:这大概是因为会保养正气才达到这样的吧。殆,大概。有养,保有正气。《孟子·公孙丑》:"我善养吾浩然之气。"致然,使然,造成这样子。

㉘然亦安知所养何哉:然而又怎么知道所保养的内容是什么呢?

㉙浩然之气:纯正博大而又刚强之气,见《孟子·公孙丑》。

㉚吾何患焉:我还怕什么呢!中国古代的许多思想家都认为浩然正气有无所不能的巨大力量。

㉛"天地有正气"两句:天地之间充满正气,它赋予各种事物以不同形态。作者主要用其强调人的节操。杂然,纷繁,多样。

㉜"下则为河岳"两句:地上的山岳河流,天上的日月星辰,都是由正气形成的。

㉝"于人曰浩然"两句:赋予人的正气叫浩然之气,它充满天地之间。沛乎,旺盛的样子。苍冥,天地之间。

㉞皇路:国运,国家的局势。清夷:清平,太平。

㉟吐:表露。

㊱见:通"现",表现,显露。

㊲垂丹青:见于画册,传之后世。垂,留存,流传。丹青,图画。古代帝王常把有功之臣的肖像和事迹叫画工画出来。

㊳太史:史官。简:古代用以写字的竹片。《左传·襄公二十五年》载,春秋时,齐国大夫崔杼把国君杀了,齐国的太史在史册中写道"崔杼弑其君"。崔杼怒,把太史杀了。太史的两个弟弟继续写"崔杼弑其君",都被杀了。第三个弟弟仍这样写,崔杼没有办法,只好让他写在史册中。

㊴在晋董狐笔:春秋时,晋灵公被穿杀死,晋大夫赵盾没有处置赵穿,太史董狐在史册上写道:"赵盾弑其君。"孔子称赞这样写是"良史"笔法。

㊵张良椎:《史记·留侯世家》载,张良祖上五代人都做韩国的丞相,韩国被秦始皇灭掉后,他一心要替韩国报仇,找到一个大力士,持一百二十斤的大椎,在博浪沙(今河南省新乡县南)伏击出巡的秦始皇,未击中。后来张良辅佐刘邦建立汉朝,封留侯。

㊶苏武节:《汉书·李广苏建传》载,汉武帝时,苏武出使匈奴,匈奴人要他投降,他坚决拒绝,被流放到北海(今西伯利亚贝加尔湖)边牧羊。为了表示对祖国的忠诚,他一天到晚拿着从汉朝带去的符节,牧羊十九年,始终坚贞不屈,后来终于回到汉朝。

㊷严将军:据载,严颜在刘璋手下做将军,镇守巴郡,被张飞捉住,张飞见其威武不屈,就把他释放了。

㊸嵇侍中:嵇绍,嵇康之子,晋惠帝时做侍中(官名)。

㊹张睢阳:即唐朝的张巡。

㊺颜常山:即唐朝的颜杲卿,任常山太守。

㊻辽东帽:东汉末年的管宁有高节,避乱居辽东(今辽宁省辽阳市),一再拒绝朝廷的征召。他常戴一顶黑色帽子,安贫讲学,闻名于世。

㊼清操厉冰雪:是说管宁有着清廉的节操,凛如冰雪。厉,严肃,严厉。

㊽出师表:诸葛亮出师伐魏之前,上表给蜀汉后主刘禅,表明自己为统一事业奋斗到底的决心。

㊾鬼神泣壮烈:鬼神也被诸葛亮的壮烈精神感动得流泪。

㊿渡江楫:东晋祖逖率兵北伐,渡长江时,敲着船桨发誓要北定中原。楫,船桨。

㉑胡羯:古代对北方少数民族的称呼。这句是形容祖逖的豪壮气概。

㉒击贼笏:唐德宗时,朱泚谋反,召段秀实议事,段秀实不肯同流合污,以笏猛击朱泚的头,大骂:"狂贼,吾恨不斩汝万段,岂从汝反耶?"笏,大臣朝见皇帝时所持的手板。

㉓逆竖:叛乱的贼子,指朱泚。

㉔是气:这种"浩然之气"。磅礴:充塞。

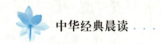

� 凛烈:庄严、令人敬畏的样子。

�"当其贯日月"两句:当正气激昂起来直冲日月的时候,个人的生死还有什么值得计较的。

�"地维赖以立"两句:地和天都依靠正气支撑着。地维,古代人认为地是方的,四角有四根支柱支撑。天柱,古代传说,昆仑山有铜柱,高入云天,称为天柱。

� 三纲实系命:三纲实际系命于正气,即靠正气支撑。

�-Trans 道义为之根:道义以正气为根本。

⑩嗟:感叹词。遘,遭逢、遇到。阳九:即百六阳九,古人用以指灾难年头,此指国势的危亡。

㊱隶也实不力:我实在无力改变这种危亡的国势。隶,地位低的官吏,此为作者谦称。

㊲楚囚缨其冠:《左传·成公九年》载,春秋时,楚国与晋国的战事失利,钟仪被俘虏,被带去晋国。他戴着一种楚国的帽子,表示不忘祖国。晋侯问是什么人,旁边人回答说是"楚囚"。这里作者是说,自己虽为囚徒但仍不忘宋朝。

㊳传车:官办交通站的车辆。穷北:极远的北方。

㊴鼎镬甘如饴:身受鼎镬那样的酷刑,也感到像吃糖一样甜,表示不怕牺牲。鼎镬,大锅。古代一种酷刑,把人放在鼎镬里活活煮死。

㊵阴房阗(tián)鬼火:囚室阴暗寂静,只有鬼火出没。杜甫《玉华宫》诗:"阴房鬼火青。"阴房:见不到阳光的居处,此指囚房。阗,充满、填塞。

㊶春院闼天黑:虽在春天里,院门关得紧紧的,照样是一片漆黑。

㊷"牛骥同一皂"两句:牛和骏马同槽,鸡和凤凰共处,比喻贤愚不分,杰出的人和平庸的人都关在一起。骥,良马。皂,马槽。鸡栖,鸡窝。

㊸一朝蒙雾露:一旦受雾露风寒所侵。蒙,受。

㊹分作沟中瘠(jí):料到自己一定成为沟中的枯骨。分,料,估量。瘠,通"胔"(zì)。沟中瘠,弃于沟中的枯骨。《说苑·善说》:"死之则不免为沟中之瘠。"

㊺如此再寒暑:在这种环境里过了两年了。

㊻百沴自辟易:各种致病的恶气都自行退避了。这是说没有生病。

㊼沮洳场:低下阴湿的地方。

㊽"岂有他缪(miù)巧"两句:哪有什么妙法奇术,使得寒暑都不能伤害自己。缪巧,智谋,机巧。贼,害。

㊾顾此耿耿在:只因心中充满正气。顾,但,表示意思有转折的连接词。此,指正气。耿耿,光明貌。

㊿仰视浮云白:对富贵不屑一顾,视若浮云。《论语·述而篇》:"不义而富且贵,于我如浮云。"

51 "悠悠我心悲"两句:我心中的亡国之痛,哪有尽头。曷,何,哪。极,尽头。

52 哲人日已远:古代的圣贤离我们越来越远了。哲人,贤明杰出的人物。

53 典刑:榜样,模范。刑,通"型"。风昔:从前,过去。

54 风檐展书读:在临风的廊檐下展开史册阅读。

55 古道照颜色:古代传统的美德闪耀在面前。

导读

  《正气歌》为南宋名臣文天祥所作。宋末帝赵昺祥兴元年(1278),文天祥在广东海丰兵败被俘,次年被押解至元大都(今北京市)。文天祥在狱中三年,元朝统治者对他软硬兼施,威逼利诱,许以高位,他都丝毫不为所动,始终坚贞不屈,决心以身报国。1281年夏,在湿热、腐臭的牢房中,文天祥写下了与《过零丁洋》一样名垂千古的《正气歌》。全诗慷慨激昂,充分表现了文天祥坚贞不屈的爱国情操。1283年1月9日,在拒绝了元世祖最后一次利诱之后,文天祥从容就义。其绝命辞写道:"孔曰成仁,孟曰取义,惟其义尽,所以仁至。读圣贤书,所学何事,而今而后,庶几无愧。"

  这首诗的序为散文。其中有骈句,有散句,参差出之,疏密相间。在序里,作者先以排句铺陈,以骈散穿插,描写了牢狱之中的"七气",极力渲染出监牢环境的恶劣。诗人又说自己身体本来羸弱,但在"七气"的夹攻之下,竟然安好无恙,那就是因为靠着胸中的浩然正气,有了正气在胸,便能抵御所有的邪气、浊气。这些说明了他写《正气歌》的原因,接着便引出下面对"正气"的咏叹。因此,序和诗在构思上是有关联的,在技巧上是前后照应的,序文是全诗的有机组成部分。全诗篇幅宏大而主旨突出、脉络分明,浩然正气直贯全篇,故历述古人事迹和己身遭遇而无堆砌之感。诗人先写古人而后写自身,并表明"时穷节乃见"的古人正是自己的楷模,表现出他的浩然正气植根于中华民族优秀文化传统的沃壤之中。正是继承、光大了优秀文化传统,发扬了爱国精神和民族气节,才使作者文天祥成为一位民族英雄,也使他的这篇诗歌成为弘扬爱国精神和民族气节的典范之作。

  《正气歌》凡六十句,隔句一韵,通篇四韵,平仄间押,既浑灏苍古,又顿挫扬抑,回肠荡气。这首诗用古体诗的语调来写,而不取近体的排偶整饬,显得高古悲壮。诗歌在歌赞先烈的同时,酣畅淋漓地表现了作者文天祥的忠肝义胆、铮铮铁骨,展现了文天祥崇高的民族气节和伟大的爱国主义精神,由此塑造出一位正气凛然的民族英雄形象。

16 赴戍登程口占示家人

林则徐

【其一】

出门一笑莫心哀,浩荡襟怀到处开。
时事难从无过立①,达官非自有生来。
风涛回首空三岛②,尘壤从头数九垓③。
休信儿童④轻薄语,嗤他赵老送灯台⑤。

【其二】

力微任重久神疲,再竭衰庸⑥定不支。
苟利国家生死以⑦,岂因祸福避趋之。
谪居⑧正是君恩厚,养拙刚于戍卒宜⑨。
戏与山妻谈故事⑩,试吟断送老头皮。

【注释】

①立:成。

②三岛:指英伦三岛,即英国的英格兰、苏格兰、爱尔兰。此句回顾抗英经历。

③这句用古神话中竖亥自东极步行至西极的故事(见《山海经·海外东经》),表示自己将风尘仆仆地走遍各地,观察形势。九垓(gāi),九州,天下。

④儿童:指幼稚无知的人,代指对林则徐被贬幸灾乐祸的人。

⑤赵老送灯台:即上句的轻薄语。俚谚云:"赵老送灯台,一去更不来。"当时清廷中的投降派诅咒林则徐,说他被贬新疆是"赵老送灯台",永无回来之日。

⑥衰庸:意近"衰朽",衰老而无能,这里是自谦之词。

⑦以:用,去做。

⑧谪居:因有罪被遣戍远方。

⑨养拙:犹言藏拙,有守本分、不显露自己的意思。刚:正好。戍卒宜:适合做一名戍卒。这句诗谦恭中含有愤激与不平。

⑩山妻:对自己妻子的谦称。故事:旧事,典故。

林则徐抗英有功,却遭投降派诬陷,被道光帝革职,于道光二十一年(1841)被发配到新疆伊犁,效力赎罪,心中自有一股不平之气。诗人在古城西安与妻子离别赴伊犁时,在满腔悲愤中写下第一首诗。他深恐家人担忧,故笑言相劝,开首二句强作欢颜。然而这的确也体现出诗人襟怀坦荡、四海为家的壮志豪情。诗人自信抗英禁烟有功无罪,历史自会做出公正结论,自己问心无愧。"时事"二句便是对人生经验的总结,人不能生而知之,要想办成一件事,总要经过多次反复和波折,包括犯错误。这也是对家人子女的教诲。"风涛"一联以轻蔑口吻讥讽英帝国国中无人,外强中干;而自己正好借远戍之机游遍全国,了解情况,寻求抗击侵略者的方法,胸怀广阔,气势豪迈。末二句针对朝中投降派的幸灾乐祸,说自己永无回乡之日的谰言,表示自己一定会安全返回家乡,返回首都,再与侵略者一决雌雄。"儿童轻薄语"五字生动刻画了那些卖国小人的卑鄙行径,表示作者对他们的无比蔑视和嘲笑。全诗虽有眷恋故乡之意,却毫无小儿女悲戚之态,雄健豪劲,不失英雄本色。

第二首诗歌的首联说:我以微薄的力量为国尽忠,早已感到疲惫,如果继续下去,再而衰,三而竭,无论自己衰弱的体质,还是平庸的才干,必定无法支撑下去。这与孟浩然的"不才明主弃"、杜牧的"清时有味是无能"等诗句一样,都是正话反说、反言见意之辞。颔联是百余年来广为传颂的名句,也是全诗的思想精华之所在,它表现了林则徐刚正不阿的高尚品德和忠诚无私的爱国情操。颈联从字面上看似乎心平气和、逆来顺受,其实心底却埋藏着巨痛,细细咀嚼,似有万丈波澜。尾联借用赵令《侯鲭录》中的一个典故,含蓄地对道光帝表示:"我也伺候够您了,还是让我安安生生当老百姓吧。"这首诗对仗工整而灵活,例如,以"国家"对"祸福",以"生死"对"避趋",按词性来说,都是正对。作者既用"以"字的实词含义表达思想内容,又借它的虚词含义来与"之"字构成对仗,显示出驾驭文字的深厚功力。

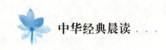

17 沁园春①·长沙

毛泽东

独立寒秋②,湘江③北去,橘子洲④头。看万山⑤红遍,层林尽染⑥;漫江⑦碧透,百舸⑧争流⑨。鹰击长空,鱼翔浅底⑩,万类霜天竞自由⑪。怅寥廓⑫,问苍茫⑬大地,谁主⑭沉浮⑮?

携来⑯百侣⑰曾游。忆往昔峥嵘岁月稠⑱。恰⑲同学少年⑳,风华正茂㉑;书生意气㉒,挥斥方遒㉓。指点江山,激扬文字㉔,粪土当年万户侯㉕。曾记否,到中流㉖击水㉗,浪遏㉘飞舟㉙?

1925年

【注释】

①沁园春:词牌名。"沁园"是东汉明帝为女儿沁水公主修建的皇家园林。本词选自《毛泽东诗词集》(中央文献出版社1996年版)。

②寒秋:深秋、晚秋。秋深已有寒意,所以说是寒秋。

③湘(xiāng)江:一名湘水,湖南省最大的河流,一说源出广西壮族自治区灵川县南的海洋山,向东北流经长沙,北入洞庭湖,所以说是湘江北去。

④橘子洲:地名,又名水陆洲,是长沙城西湘江中一个狭长小岛,西面靠近岳麓山。毛泽东七律《答友人》中所谓长岛,即指此。自唐代以来就是游览胜地。

⑤万山:指湘江西岸岳麓山和附近的山峰。

⑥层林尽染:山上一层层的叶子经霜打变红,像染过一样。尽染,此处化用王实甫《西厢记》中"晓来谁染霜林醉"。

⑦漫江:满江。漫,满,遍。

⑧舸(gě):大船。这里泛指船只。

⑨争流:争着行驶。

⑩鹰击长空,鱼翔浅底:鹰在广阔的天空里飞,鱼在清澈的水里游。击,搏击,这里形容飞得矫健有力。翔,本指鸟盘旋飞翔,这里形容鱼游得轻快自由。

⑪万类霜天竞自由:万物都在秋光中竞相自由地生活。万类,指一切生物。霜天,指秋天,即上文"寒秋"。

⑫怅寥廓(chàng liáo kuò):面对广阔的宇宙惆怅感慨。怅,原意是失意,这里用来表达由深思而引发激昂慷慨的心绪。寥廓,广远空阔,这里描写宇宙之大。

⑬苍茫:旷远迷茫。

⑭主:主宰。

⑮沉浮:同"升沉"(上升和没落),比喻事物盛衰、消长,这里指兴衰。由上文的俯瞰游鱼、仰看飞鹰,纳闷地寻思("怅")究竟是谁主宰着世间万物的升沉起伏。

⑯携来:挽,牵。来,语气词,无实在意义。

⑰百侣:很多的同伴。侣,这里指同学(也指战友)。

⑱峥嵘岁月稠:不平常的日子是很多的。峥嵘,本指山的高峻,此处意谓不平凡、不寻常。稠,多。

⑲恰:适逢,正赶上。

⑳同学少年:毛泽东于1913年至1918年就读于湖南公立第一师范学校(今湖南第一师范学院)。1918年,毛泽东和萧瑜、蔡和森等组织新民学会,开始了他早期的政治活动。

㉑风华正茂:风采才华正盛。风华,风采,才华。茂,丰满茂盛。

㉒书生:读书人,这里指青年学生。意气:意态气概。

㉓挥斥方遒(qiú):热情奔放,劲头正足。挥斥,奔放。方,正。遒,强劲有力。

㉔指点江山,激扬文字:评论国家大事,用文字来抨击丑恶的现象,赞扬美好的事物,写出激浊扬清的文章。指点,评论。激扬,激浊扬清,抨击恶浊,褒扬清明。

㉕粪土当年万户侯:把当时的军阀官僚看得同粪土一样。粪土,作动词用,视如粪土。万户侯,汉代设置的最高一级侯爵,食邑万户,享有万户农民的赋税,此借指大军阀、大官僚。

㉖中流:江河水流中央。

㉗击水:游泳。

㉘遏(è):阻止。

㉙飞舟:如飞之舟。

导 读

上阕描绘了一幅多姿多彩、生机勃勃的湘江寒秋图,并即景抒情,提出了苍茫大地应该由谁来主宰的问题。词人从山上、江面、天空、水底选择了几种典型景物进行描写,远近相间,动静结合,对照鲜明,为下面的抒情提供了背景,烘托了气氛。"怅寥廓,问苍茫大地,谁主沉浮?"的感叹,这一问道出了词人的雄心壮志,表现了他的博大胸怀,由写景直接转入抒怀,自然带出下阕的抒情乐章。下阕着重抒情,但也不乏情中含景之处。"忆往昔峥嵘岁月稠",以峥嵘形容岁月,新颖、形象、自然地引起对往昔生活的回忆,将无形的不平凡岁月,化为一座座有形的峥嵘山峰,给人以巍峨奇丽的崇高美。"恰同学少年,

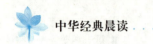

风华正茂",一个"恰"字统领,形象地概括了早期革命者雄姿英发的战斗风貌和豪迈气概。"中流击水,浪遏飞舟",也是一幅奋勇进击、劈波斩浪的宏伟画面。可以说,这首词的崇高美是以情为经线、景为纬线交织而成的。

全词通过对长沙秋景的描绘和对青年时代革命斗争生活的回忆,提出了"谁主沉浮"的问题,表现了词人和战友们英勇无畏的革命精神和壮志豪情,形象含蓄地给出了"谁主沉浮"的答案:主宰国家命运的,是以天下兴亡为己任、蔑视反动统治者、敢于改造旧世界的革命青年。

18 我爱这土地

艾青

假如我是一只鸟,
我也应该用嘶哑的喉咙歌唱:
这被暴风雨所打击着的土地,
这永远汹涌着我们的悲愤的河流,
这无止息地吹刮着的激怒的风,
和那来自林间的无比温柔的黎明……
——然后我死了,
连羽毛也腐烂在土地里面。

为什么我的眼里常含泪水?
因为我对这土地爱得深沉……

1938年11月17日

这首诗以"假如"开头,这个头开得突兀、新奇,有凝神沉思之感。诗中的"鸟"是泛指,是共名,是作者在无所依傍的情况下做出新的艺术追求。诗中特地亮出"嘶哑的喉咙",和古典诗词中栖枝的黄莺、啼血的杜鹃、冲天的白鹭等大异其趣,这是抗战初期悲壮的时代氛围对作者的影响所致,同时也是这位"悲哀的诗人"(作者自称)所具有的特殊气质和个性的自然流露。

这首诗有深刻的忧患意识,有博大的历史襟怀,有浓烈的爱国真情。诗的首句集中展现了作者对土地的一片赤诚。在个体生命的短暂、渺小与大地生命的博大、永恒之间,作者为了表达自己对土地最真挚、深沉的爱,把自己想象成"一只鸟",永远不知疲倦地围绕着祖国大地飞翔。全诗表现出一种"忧郁"的感情特色,这种"忧郁"是对灾难深重的祖国爱得深沉的内在感情的自然流露,它源自民族的苦难,因而格外动人。这种忧郁表现在两点。其一,强烈的抒情色彩。作者采用了"直接"的抒情方式,表达了自己对土地的感情。其二,写实和象征交织。作者描绘了一组鲜明的诗歌意象,分别赋予"土地""河流""风""黎明"等意象不同的象征和暗示意味。作者对祖国的"黎明"抱有乐观的信念,进行了美妙的抒写。作者不断地强化自己的感情,久久地拨动读者的心弦。

19 少年中国说(节选)

梁启超

　　任公曰:造成今日之老大中国者,则中国老朽之冤业也。制出将来之少年中国者,则中国少年之责任也。彼老朽者何足道,彼与此世界作别之日不远矣,而我少年乃新来而与世界为缘。如僦屋①者然,彼明日将迁居他方,而我今日始入此室处。将迁居者,不爱护其窗栊②,不洁治其庭庑③,俗人恒情,亦何足怪! 若我少年者,前程浩浩,后顾茫茫。中国而为牛为马为奴为隶,则烹脔鞭棰之惨酷④,惟我少年当之。中国如称霸宇内,主盟地球,则指挥顾盼之尊荣,惟我少年享之。于彼气息奄奄与鬼为邻者何与焉? 彼而漠然置之,犹可言也。我而漠然置之,不可言也。使举国之少年而果为少年也,则吾中国为未来之国,其进步未可量也。使举国之少年而亦为老大也,则吾中国为过去之国,其澌亡可翘足而待也。故今日之责任,不在他人,而全在我少年。少年智则国智,少年富则国富,少年强则国强,少年独立则国独立,少年自由则国自由,少年进步则国进步,少年胜于欧洲则国胜于欧洲,少年雄于地球则国雄于地球。

　　红日初升,其道大光⑤。河出伏流,一泻汪洋。潜龙腾渊,鳞爪飞扬。乳虎啸谷,百兽震惶。鹰隼试翼,风尘吸张。奇花初胎,矞矞皇皇⑥。干将发硎,有作其芒⑦。天戴其苍,地履其黄。纵有千古,横有八荒。前途似海,来日方长。

　　美哉,我少年中国,与天不老! 壮哉,我中国少年,与国无疆!

　　"三十功名尘与土,八千里路云和月。莫等闲,白了少年头,空悲切。"此岳武穆《满江红》词句也,作者自六岁时即口受记忆,至今喜诵之不衰。自今以往,弃"哀时客"之名,更自名曰"少年中国之少年"。

【注释】

①僦(jiù)屋：租赁房屋。

②窗栊(lóng)：窗棂木。窗，亦借指房舍。

③庭庑(wǔ)：庭院走廊。

④脔(luán)：切成小块的肉，这里用作动词，宰割之意。棰：棍杖，这里用作动词，捶打之意。

⑤光：广大，发扬。

⑥矞(yù)矞皇皇：光明盛大的样子。

⑦干将发硎，有作其芒：宝剑刚磨出来，锋刃大放光芒。干将，原是铸剑师的名字，这里指宝剑。硎，磨刀石。

《少年中国说》写于1900年，正在戊戌变法后，作者梁启超流亡日本之时。文中极力歌颂少年的朝气蓬勃，指出封建统治下的中国是"老大帝国"，热切希望出现"少年中国"，振奋人民的精神。文章从驳斥日本和西方列强诬蔑我国为"老大帝国"入手，说明中国是一个正在成长的少年中国。文章所说的"国"，是理想的资产阶级共和国。文章认为封建制度已经腐朽，希望寄托在中国少年身上，并且坚信中国少年必有志士，能使国家富强、雄立于地球。文章反映了作者渴望祖国繁荣昌盛的爱国思想和积极乐观的民族自信心。

《少年中国说》坚信了祖国必有光辉灿烂的前程，即少年中国对肩负着建设少年中国重任的中国少年寄予无限希望，鼓励他们愤然而起，投身到改造中国的战斗中去。《少年中国说》具有强烈的抒情性。文章紧扣主题，运用排比句法，层层推进，逐次阐发，写得极有感情，极有气势。一方面，文章极具批判的力度，对中国这个"老大帝国"逐层进行解剖，对那些手握国柄而又老朽不堪的人的心理状态作了无情的批判。另一方面，作者反复描述的"少年中国"则又寄托了作者渴望祖国繁荣昌盛的爱国思想和积极乐观的民族自信心，同样具有浓郁的抒情特质。梁启超的"新文体"政论文往往以抒情之笔出政论之说。《少年中国说》通篇不是用冷静的分析、严密的逻辑逐层论证，而是顺着情感的奔流，纵横"诗"笔而成"文"。

文章语言高度凝练，气势宏大，感情饱满。文章融辞赋、四六、律句、古文于一炉，多四字一句且押韵，多处运用反复、对偶、比喻、排比等修辞方法，大量地引用了典故，使文章具有较强的说服力和感染力，读起来铿锵有力、朗朗上口，彰显出作家深厚的文学功力。在中国文学语言、文体演进史上，梁启超的散文是从文言文转变为白话文的过渡形态，也是五四白话文运动的发展方向。

20 忆秦娥·娄山关

毛泽东

西风烈,长空雁叫霜晨月。
霜晨月,马蹄声碎,喇叭声咽。
雄关漫道真如铁,而今迈步从头越。
从头越,苍山如海,残阳如血。

导读

  这是一幅冬夜行军图,描写的是娄山关激战之后,红军翻越娄山关行军的图景。《忆秦娥·娄山关》写于1935年2月,遵义会议之后。长征开始之后,广大干部战士回顾第五次反"围剿"的失利与第四次反"围剿"的胜利形成了鲜明对比。在夺取娄山关占领遵义城后,中央政治局在遵义召开了扩大会议,确立了毛泽东在中共中央和红军的领导地位。遵义战役中红军歼敌两个师八个团,沉重打击了国民党军队的气焰,鼓舞了红军的斗志。

  全词不足50个字,但雄奇悲壮,气势如虹。浓墨重彩地描绘了红军将士在云贵高原上披星戴月急行军,黄昏时分仍在连续作战的壮烈景象,造境凝重而压抑。红军行军自然环境恶劣,苍山如海,残阳如血,充满了悲壮意味。但纵然有雄关险隘、惊涛骇浪阻拦在前,英勇的红军并没有被这些险山恶水所吓到,而是迈步从头越,以大无畏的革命正气与天斗、与地斗、与敌斗,以坚定的革命信念向着既定的长征目标英勇奋进。

静以修身
俭以养德

第二学期

1 蒹葭

《诗经·秦风》

蒹葭苍苍①,白露为霜。所谓伊人,在水一方。
溯洄②从③之,道阻且长。溯游④从之,宛在水中央。
蒹葭萋萋⑤,白露未晞⑥。所谓伊人,在水之湄⑦。
溯洄从之,道阻且跻⑧。溯游从之,宛在水中坻⑨。
蒹葭采采⑩,白露未已⑪。所谓伊人,在水之涘⑫。
溯洄从之,道阻且右⑬。溯游从之,宛在水中沚⑭。

【注释】

①蒹葭:指芦苇。苍苍:茂盛的样子。
②溯洄:逆流而上。洄,弯曲的水道。
③从:追寻。
④溯游:顺流而下。
⑤萋萋:茂盛的样子。
⑥晞:干。
⑦湄:岸边。
⑧跻:高,升高。
⑨坻(chí):水中的小沙洲。
⑩采采:茂盛的样子。
⑪已:止,干。
⑫涘(sì):水边。
⑬右:弯曲,迂回,形容道路曲折迂回。
⑭沚:水中的小块陆地。

《蒹葭》是中国古代现实主义诗集《诗经·秦风》中的一篇。此诗曾被认为是用来讽刺秦襄公不遵周礼,或惋惜招引隐居的贤士而不可得。现在一般认为这是一首情歌,描写了一个热恋者对心中爱人的追求,以及追求所爱而不得的惆怅与苦闷。全诗三章,重章叠唱,营造出各章内部韵律协和、各章之间韵律参差的效果,也使语义得以往复推进。诗歌以四言为主,兼有杂言。每一章只变换几个字,却能收到回旋跌宕的艺术效果。诗歌采用重章叠句的形式,反复咏叹,层层推进,步步深化,达到了反复抒情的目的。

2 离骚①（节选）

屈原

长太息以掩涕②兮,哀民生之多艰。余虽好修姱③以鞿羁兮,謇朝谇而夕替④。

既替余以蕙纕⑤兮,又申之以揽茝。亦余心之所善兮,虽九死其犹未悔⑥。

怨灵修之浩荡⑦兮,终不察夫民心⑧。众女⑨嫉余之蛾眉兮,谣诼⑩谓余以善淫。

固时俗之工巧⑪兮,偭规矩而改错⑫。背绳墨⑬以追曲兮,竞周容⑭以为度。

忳郁邑余侘傺⑮兮,吾独穷困⑯乎此时也。宁溘死以流亡⑰兮,余不忍为此态⑱也。

鸷鸟之不群⑲兮,自前世⑳而固然。何方圜之能周㉑兮,夫孰异道而相安?屈心㉒而抑志兮,忍尤而攘诟㉓。伏清白以死直㉔兮,固前圣之所厚㉕。

悔相道㉖之不察兮,延伫乎吾将反㉗。回朕车以复路㉘兮,及行迷㉙之未远。

步余马于兰皋㉚兮,驰椒丘且焉止息㉛。进不入以离尤㉜兮,退将复修吾初服㉝。

制芰㉞荷以为衣兮,集芙蓉㉟以为裳。不吾知㊱其亦已兮,苟㊲余情其信芳。

高余冠之岌岌㊳兮,长余佩之陆离㊴。芳㊵与泽其杂糅兮,唯昭质㊶其犹未亏。

忽反顾以游目㊷兮,将往观㊸乎四荒。佩缤纷㊹其繁饰兮,芳菲菲其弥章㊺。

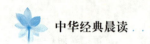

民生㊻各有所乐兮,余独好修以为常㊼。虽体解吾犹㊽未变兮,岂余心之可惩㊾?

【注释】

①离骚:离别的忧愁。王逸《楚辞章句·离骚小序》载:离,别也;骚,愁也。

②太息:叹气。掩涕:掩面而泣。

③修姱(kuā):美好。

④谇(suì):进谏。替:废弃。

⑤纕(xiāng):佩带。

⑥悔:怨恨。

⑦灵修:指楚怀王。浩荡:荒唐。

⑧民心:指屈原自己的心,一说指人心。

⑨众女:喻指小人。

⑩谣:谣言。诼(zhuó):诽谤。

⑪工巧:善于取巧。

⑫偭(miǎn):违背。错:通"措",措施。

⑬绳墨:画直线用的工具。

⑭周容:迎合讨好。

⑮侘(chà)傺(chì):不得志的样子。

⑯穷困:处于贫困、不得志或遭遇困难的境地。

⑰溘(kè):忽然。流亡:随水漂流而去。

⑱此态:迎合讨好他人的丑态。

⑲不群:指不与众鸟同群。

⑳前世:古代。

㉑圜(yuán):通"圆"。周:合。

㉒屈心:委屈心志。

㉓尤:责备。攘:容忍。诟(gòu):咒骂、耻辱。

㉔伏:通"服",保持、坚守。死直:为忠直而死。

㉕厚:看重。

㉖相:观看。道:道路。

㉗延:长久。反:通"返"。

㉘回:调转。复路:回原路。

㉙行迷:指走入迷途。

㉚步:慢慢走。皋(gāo):水边地。

㉛焉:在那里。止息:休息。
㉜离尤:获罪。
㉝修吾初服:指修身洁行。初服,出仕前的服饰,喻指初衷。
㉞制:裁制。芰(jì):菱叶。
㉟芙蓉:荷花。
㊱不吾知:即"不知吾"。
㊲苟:如果。
㊳岌岌:高耸的样子。
㊴陆离:修长的样子。
㊵芳:指芬芳之物。
㊶昭质:光明纯洁的品质。
㊷游目:纵目瞭望。
㊸往观:前去观望。
㊹缤纷:缤纷多彩。
㊺章:通"彰"。
㊻民生:人生。一说人性。
㊼常:恒常之法。
㊽犹:仍然。
㊾惩:因受创而戒止。

导 读

《离骚》作为鸿篇巨制,所表现的思想内容极其丰富,主要可概括为两个方面。一是叙述了诗人的家世、出生和被疏的事实,描述了诗人和当朝统治者的矛盾,即理想与现实的对立,用较客观现实的笔法展现了诗人所处的环境和自己的历程。二是虚构了女媭詈原、陈辞于舜、上叩帝阍、历访神妃、灵氛占卜、巫咸降神、神游西天等一系列幻境,以色彩缤纷、波谲云诡的描写表现了一个充满幻想的境界,展现出无比广阔、无比神奇的场面,描述了诗人心灵的痛苦和纠结,即进取和退隐的矛盾。在《离骚》中,屈原成功地塑造了中国文学史上第一个形象丰满、个性鲜明的抒情主人公形象,体现了屈原伟大的思想和崇高的人格。

《离骚》是一首充满激情的政治抒情诗,是现实主义与浪漫主义相结合的艺术杰作。诗歌强烈地抒发了他遭谗被害的苦闷和矛盾的心情,表达了他为国献身的精神,以及体现了与国家同休戚、共存亡的深挚的爱国主义和对人民的同情,表现了他勇于追求真理和光明、坚持正义和理想的不屈不挠的斗争精神;同时深刻地揭露了以楚王为首的楚国贵族集团腐朽黑暗的本质,抨击他们颠倒是非、结党营私、谗害贤能、误国祸民的罪行。诗人遭遇排斥,陷入孤立无援的境地。面对险恶的政治环境,他曾产生过退隐的念头,但最后仍表示为坚持正义而九死不悔,决心坚守自己的理想。《离骚》的语言非常优美,诗中大量运用了比喻、象征的手法。诗人运用了不少香花、香草的名称来象征性地表现政治的、思想意识方面的比较抽象的概念,使作品显得含蓄且富有韵味。全诗以四句为一节,每节中又由两个用"兮"字连接的若连若断的上下句组成,加上固定的偶句韵,使诗歌一直在回环往复的旋律中进行,具有很强的节奏感。

3 学记(节选)

《礼记》

玉不琢,不成器;人不学,不知道。是故古之王者建国君①民,教学为先。《兑命》②曰:"念终始典于学。"其此之谓乎!

虽有嘉肴,弗食不知其旨③也;虽④有至道,弗学不知其善也。是故学然后知不足,教然后知困⑤。知不足,然后能自反也,知困,然后能自强也。故曰:教学相长⑥也。《兑命》曰:"敩学半⑦。"其此之谓乎?

【注释】

①君:作动词用,统治的意思。
②《兑命》:《尚书》中的一篇。兑亦作"说",读作"yuè",下同。
③旨:此处指美味的食品。
④虽:即使。
⑤困:困惑,理解不透。
⑥教学相长:教与学相互促进。
⑦敩(xiào)学半:教与学相辅相成的意思。敩,教导。学,学习。

《学记》是中国最早的体系极为严密的教育专著,是《礼记》中的一篇,记述了我国秦汉以前的教育制度、教学内容、教学原则,教育的功用、方法、目的、效果、制度,并论及教学为师的道理。其中,关于教学相长的论述是极其深刻而精辟的。教学相长的原意是学的人通过学习知道自己不足,教的人通过教别人知道自己还有疑问点,然后都去进一步钻研,无论是学的人还是教的人都能通过教学过程得到提高。现指教和学两方面互相促进,共同提高。本文所选部分说明了学习和教育的重要性。

4 鱼,我所欲也(节选)

孟子

鱼,我所欲也;熊掌,亦我所欲也。二者不可得兼,舍鱼而取熊掌者也。生,亦我所欲也;义,亦我所欲也。二者不可得兼,舍生而取义者也。生亦我所欲,所欲有甚于生者,故不为苟得也;死亦我所恶,所恶有甚于死者,故患有所不辟①也。如使人之所欲莫甚于生,则凡可以得生者何不用也?使人之所恶莫甚于死者,则凡可以辟患者何不为也?由是则生而有不用也,由是则可以辟患而有不为也。是故所欲有甚于生者,所恶有甚于死者。非独贤者有是心也,人皆有之,贤者能勿丧耳。

一箪食,一豆②羹,得之则生,弗得则死。呼尔而与之,行道之人弗受;蹴③尔而与之,乞人不屑也。万钟则不辩礼义而受之,万钟于我何加焉!为宫室之美、妻妾之奉、所识穷乏者得④我与?乡⑤为身死而不受,今为宫室之美为之;乡为身死而不受,今为妻妾之奉为之;乡为身死而不受,今为所识穷乏者得我而为之:是亦不可以已乎?此之谓失其本心⑥。

【注释】

①辟:通"避",躲避。
②豆:古代一种木制的盛食物的器具。
③蹴(cù)尔:用脚踢给对方。
④得:通"德",恩惠,这里指以我为德,即感激的意思。
⑤乡:通"向",向来,一向,从前。
⑥本心:本性,本来的思想。

导 读

  该文是孟子以性善论为依据,对人的生死观进行深入讨论的一篇代表作。他提出了一个重要主张:义重于生,当义和生不能两全时,应该舍生取义。孟子认为自己做了坏事感到耻辱,别人做了坏事感到厌恶,这就是义;义是有道德的君子所必须遵循的正路。孟子先用人们生活中熟知的具体事物打了一个比方:鱼是我想得到的,熊掌也是我想得到的,在两者不能同时得到的情况下,我宁愿舍弃鱼而要熊掌;生命是我所珍爱的,义也是我所珍爱的,在两者不能同时得到的情况下,我宁愿舍弃生命而要义。孟子把生命比作鱼,把义比作熊掌,认为义比生命更珍贵,就像熊掌比鱼更珍贵一样,这样就很自然地引出了全篇的中心论点——舍生取义。

  孟子从人应如何对待自己的欲望入手,在生与死、利与义、守义与失义等方面,层层深入、正反对比,论证了义重于生,认为必须舍生取义,还强调"非独贤者有是心也,人皆有之,贤者能勿丧耳",人如果经不住万钟、宫室、妻妾、施恩的诱惑,必然会"失其本心"。该文逻辑严密,析理精深,比喻、排比、对比等修辞手法的运用,使语言生动、流畅,气充词沛,颇具说服力。

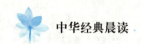

5 诫①子书

诸葛亮

夫君子之行②,静以修身③,俭以养德④。非淡泊无以明志⑤,非宁静无以致远⑥。夫学须静也,才⑦须学也,非学无以广才⑧,非志无以成⑨学。淫慢则不能励精⑩,险躁则不能治性⑪。年与时驰⑫,意与日去⑬,遂成枯落⑭,多不接世⑮,悲守穷庐⑯,将复何及⑰!

【注释】

①诫:告诫,劝勉,劝人警惕。

②夫(fú):段首或句首发语词,引出下文的议论,无实在的意义。君子:品德高尚的人。行:指操守、品德、品行。

③静:屏除杂念和干扰,宁静专一。修身:个人的品德修养。

④养德:培养品德。

⑤淡泊:清静而不贪图功名利禄。内心恬淡,不慕名利。明志:明确志向。明,明确、坚定。

⑥宁静:这里指安静,集中精神,不分散精力。致远:实现远大目标。致,达到。

⑦才:才干。

⑧广才:增长才干。

⑨成:达成,成就。

⑩淫慢:放纵懈怠。淫,放纵。慢,懈怠,懒惰。励精:振奋精神。励,振奋。

⑪险躁:轻薄浮躁与上文"宁静"相对而言。治性:修养性情。治,修养;一说通"冶"。

⑫与:跟随。驰:疾行,指迅速逝去。

⑬日:时间。去:消逝,逝去。

⑭遂:于是,就。枯落:枯枝和落叶,此指像枯叶一样飘零,形容人韶华逝去。

⑮多不接世:意思是大多对社会没有任何贡献。接世,接触社会,承担事务,对社会有益,有"用世"的意思。

⑯穷庐:穷困潦倒之人住的陋室。

⑰将复何及:又怎么来得及。

导读

　　三国时蜀汉丞相诸葛亮被后人誉为"智慧之化身",他的《诫子书》也是一篇充满智慧之语的家训,是古代家训中的名作。文章阐述修身养性、治学做人的深刻道理,读来发人深省。它也可被看作是诸葛亮对其一生的总结,后来更成为修身立志的名篇。文章的主旨是劝勉儿子勤学立志,修身养性要从淡泊宁静中下功夫,最忌怠惰、险躁。全文概括了做人治学的经验,着重围绕一个"静"字加以论述,同时把失败归结为一个"躁"字,对比鲜明。

　　在《诫子书》中,诸葛亮教育儿子要"淡泊"自守,"宁静"自处,鼓励儿子勤学励志,从淡泊和宁静的自身修养上狠下功夫。他说,"夫学须静也,才须学也,非学无以广才,非志无以成学",意思是说,不安定清静就不能为实现远大理想而长期刻苦学习,要学得真知,必须使身心宁静;人的才能是从不断地学习中积累起来的,不下苦功学习就不能增长自己的才干,没有坚定不移的意志就不能使学业成功。诸葛亮教育儿子切忌心浮气躁,举止荒唐。《诫子书》不但讲明修身养性的途径和方法,也指明了立志与学习的关系;不但讲明了宁静淡泊的重要性,也指明了放纵怠慢、偏激急躁的危害性。文章短小精悍,言简意赅,不事雕琢,文字清新雅致,说理平易近人。短短几十字传递出的信息,比起长篇大论的训诫效果好很多。

6 朱子治家格言（节选）

朱柏庐

　　黎明即起，洒扫庭除①，要内外整洁；既昏便息，关锁门户，必亲自检点。

　　一粥一饭，当思来处不易；半丝半缕，恒念物力维艰。宜未雨而绸缪②，毋临渴而掘井。自奉必须俭约，宴客切勿流连。器具质而洁，瓦缶③胜金玉；饮食约而精，园蔬愈珍馐④。勿营华屋，勿谋良田。

　　三姑六婆，实淫盗之媒；婢美妾娇，非闺房之福。童仆勿用俊美，妻妾切忌艳妆。祖宗虽远，祭祀不可不诚；子孙虽愚，经书不可不读。居身务期质朴，教子要有义方⑤。勿贪意外之财，勿饮过量之酒。与肩挑贸易，毋占便宜；见穷苦亲邻，须加温恤。刻薄成家，理无久享；伦常乖舛⑥，立见消亡。

　　兄弟叔侄，须分多润寡；长幼内外，宜法肃辞严。听妇言，乖骨肉，岂是丈夫？重资财，薄父母，不成人子。嫁女择佳婿，毋索重聘；娶媳求淑女，勿计厚奁⑦。见富贵而生谄容者，最可耻；遇贫穷而作骄态者，贱莫甚。居家戒争讼，讼则终凶；处世戒多言，言多必失。

　　勿恃势力而凌逼孤寡，毋贪口腹而恣杀生禽。乖僻自是，悔误必多；颓惰自甘，家道难成。狎昵⑧恶少，久必受其累；屈志老成，急则可相依。轻听发言，安知非人之谮诉⑨？当忍耐三思；因事相争，焉知非我之不是，须平心暗想。施惠勿念，受恩莫忘。凡事当留余地，得意不宜再往。

　　人有喜庆不可生妒忌心；人有祸患，不可生欣幸心。善欲人见，不是真善；恶恐人知，便是大恶。见色而起淫心，报在妻女；匿怨⑩而用暗箭，祸延子孙。家门和顺，虽饔飧⑪不济，亦有余欢；国课⑫早完，即囊橐⑬无余，自得至乐。读书志在圣贤，为官心存君国。守分安命，顺时听天。为人若此，庶乎近焉。

【注释】

①庭除:庭院。

②未雨而绸缪(chóu móu):天还未下雨应先修补好屋舍门窗,凡事要预先做好准备。

③瓦缶(fǒu):陶制的器具。

④珍馐(xiū):珍奇精美的食品。

⑤义方:做人的正道。

⑥伦常:伦理道德。乖舛(chuǎn):差错。"伦常乖舛",就是违背了伦常大道。

⑦厚奁(lián):丰厚的嫁妆。

⑧狎昵(xiá nì):过分亲近。

⑨谮(zèn)诉:诬蔑人的坏话。

⑩匿(nì)怨:对人怀恨在心,而面上不表现出来。

⑪饔(yōng)飧(sūn):饔,早饭。飧,晚饭。

⑫国课:国家的赋税。

⑬囊(náng)橐(tuó):口袋。

导读

朱柏庐(1627—1698),名用纯,字致一,号柏庐,明末清初江苏昆山市人,著名理学家、教育家。《朱子治家格言》又名《朱子家训》《朱柏庐治家格言》,是以家庭道德为主的启蒙教材。《朱子家训》文字通俗易懂,内容简明赅备,对仗工整,朗朗上口。问世以来,不胫而走,成为清代家喻户晓、脍炙人口的教子治家的经典家训。其中,许多内容继承了中国文化的优秀传统,比如尊敬师长、勤俭持家、邻里和睦等,在今天仍然有现实意义。

《朱子家训》以"修身""齐家"为宗旨,集儒家做人处世方法之大成,思想植根深厚,含义博大精深。《朱子家训》通篇劝人勤俭持家、安分守己,讲中国几千年形成的道德教育思想,以名言警句的形式表达出来,可以口头传训,也可以写成对联条幅挂在大门、厅堂和居室,作为治理家庭和教育子女的座右铭,因此很受欢迎,自问世以来流传甚广,被尊为"治家之经"。

7 格言联璧(节选)

(存养类)

涵养冲虚,便是身世学问。省除烦恼,何等心性安和!

存养宜冲粹,近春温;省察宜谨严,近秋肃。

人心如谷种,满腔都是生意,物欲锢之而滞矣,然而生意未尝不在也,疏之而已耳。人心如明镜,全体浑是光明,习染薰之而暗矣,然而明体未尝不存也,拭之而已耳。

人之心胸,多欲则窄,寡欲则宽。人之心境,多欲则忙,寡欲则闲。人之心术,多欲则险,寡欲则平。人之心事,多欲则忧,寡欲则乐。人之心气,多欲则馁,寡欲则刚。

宜静默,宜从容,宜谨严,宜俭约;四者切己良箴。忌多欲,忌妄动,忌坐驰,忌旁骛;四者切己大病。

常操常存,得一"恒"字诀。勿忘勿助,得一"渐"字诀。

忿如火,不遏则燎原;欲如水,不遏则滔天。

敬守此心,则心定;敛抑其气,则气平。

心一模糊,万事不可收拾。心一疏忽,万事不入耳目。心一执着,万事不得自然。

一念疏忽,是错起头。一念决裂,是错到底。

名誉自屈辱中彰,德量自隐忍中大。

谦退是保身第一法,安详是处事第一法,涵容是待人第一法,恬淡是养心第一法。

静能制动,沉能制浮。宽能制褊,缓能制急。

天地间真滋味,惟静者能尝得出。天地间真机括,惟静者能看得透。

气忌盛,心忌满,才忌露。

世俗烦恼处,要耐得下。世事纷扰处,要闲得下。胸怀牵缠处,要割得下。境地浓艳处,要淡得下。意气忿怒处,要降得下。

观操存在利害时,观精力在饥疲时。观度量在喜怒时,观镇定在震惊时。

大事难事看担当,逆境顺境看襟度。临喜临怒看涵养,群行群止看识见。

导 读

《格言联璧》自咸丰元年(1851)刊行后,即得到广为传诵,所谓"地不分南北、人不分贫富,家家置之于案,人人背诵习读",甚至有人将此书置于左右,朝夕参悟。盖以金科玉律之言,作暮鼓晨钟之警,以圣贤之智慧济世利人,以先哲之格言鞭策启蒙。书中不乏为人处世的智慧法则,治家教子的谆谆教诲,修身养性的道理箴言,字字珠玑,句句中肯,雅俗共赏,发人深省。其说理之切、举事之赅、择辞之精、成篇之简,皆冠绝古今,堪称立身处世的金科玉律、修身养性的人生智慧、千古不移的至理名言。

8 陈情表

李密

臣密言：臣以险衅[1]，夙遭闵凶[2]。生孩六月，慈父见背[3]；行年四岁，舅夺母志[4]。祖母刘愍臣孤弱，躬亲抚养。臣少多疾病，九岁不行，零丁孤苦，至于成立[5]。既无伯叔，终鲜兄弟，门衰祚[6]薄，晚有儿息[7]。外无期功强近之亲[8]，内无应门五尺之僮[9]，茕茕孑立[10]，形影相吊[11]。而刘夙婴[12]疾病，常在床蓐[13]，臣侍汤药，未曾废离[14]。

逮奉圣朝，沐浴清化[15]。前太守[16]臣逵察臣孝廉[17]，后刺史[18]臣荣举臣秀才[19]。臣以供养无主，辞不赴命。诏书特下，拜臣郎中[20]，寻[21]蒙国恩，除臣洗马[22]。猥[23]以微贱，当侍东宫[24]，非臣陨首[25]所能上报。臣具以表闻，辞不就职。诏书切峻[26]，责臣逋慢[27]；郡县逼迫，催臣上道；州司[28]临门，急于星火。臣欲奉诏奔驰，则刘病日笃[29]；欲苟顺[30]私情，则告诉不许：臣之进退，实为狼狈。

伏惟[31]圣朝以孝治天下，凡在故老[32]，犹蒙矜育[33]，况臣孤苦，特为尤甚。且臣少仕伪朝[34]，历职郎署[35]，本图宦达，不矜[36]名节。今臣亡国贱俘，至微至陋，过蒙拔擢，宠命优渥[37]，岂敢盘桓，有所希冀。但以刘日薄西山，气息奄奄，人命危浅，朝不虑夕。臣无祖母，无以至今日；祖母无臣，无以终余年。母、孙二人，更相为命，是以区区[38]不能废远。

臣密今年四十有四，祖母今年九十有六，是臣尽节于陛下[39]之日长，报养刘之日短也。乌鸟私情[40]，愿乞终养。臣之辛苦，非独蜀之人士及二州牧伯[41]所见明知，皇天后土[42]实所共鉴。愿陛下矜愍愚诚[43]，听[44]臣微志，庶刘侥幸，保卒余年。臣生当陨首，死当结草[45]。臣不胜犬马[46]怖惧之情，谨拜表以闻。

【注释】

①险衅（xìn）：灾难祸患，指命运坎坷。

②夙:早。这里指幼年时。凶:不幸。

③见背:长辈去世。

④舅夺母志:指舅父强行改变了李密母亲守节的志向。

⑤成立:成人自立。

⑥祚(zuò):福分。

⑦儿息:子女。

⑧期功强近之亲:指比较亲近的亲戚。古代丧礼制度以亲属关系的亲疏规定服丧时间的长短,服丧一年称"期",九月称"大功",五月称"小功"。

⑨应门:照应门户。僮:童仆。

⑩茕(qióng)茕孑(jié)立:孤单无依靠地独立生活。茕茕,孤单的样子。孑,孤单。

⑪吊:安慰。

⑫婴:缠绕。

⑬蓐(rù):通"褥",垫子。

⑭废离:停止侍奉而离开(祖母)。

⑮清化:清明的政治教化。

⑯太守:郡的地方长官。

⑰察:考察。这里是推举的意思。孝廉:汉代以来举荐人才的一种科目,举孝顺父母、品行方正的人。汉武帝开始令郡国推举孝廉,晋时仍保留此制,但办法和名额不尽相同。"孝"指孝顺父母,"廉"指品行廉洁。

⑱刺史:州的地方长官。

⑲秀才:当时地方推举优秀人才的一种科目,这里是优秀人才的意思,与后代科举的"秀才"含义不同。

⑳拜:授官。郎中:官名。

㉑寻:不久。

㉒除:任命官职。洗马:官名。太子的侍从官。

㉓猥:辱。自谦之词。

㉔东宫:太子居住的地方。这里指太子。

㉕陨(yǔn)首:丧命。

㉖切峻:急切严厉。

㉗逋(bū)慢:回避怠慢。

㉘州司:州官。

㉙日笃:日益沉重。

㉚苟顺:姑且迁就。

㉛伏惟:旧时奏疏、书信中下级对上级常用的敬语。

㉜故老:元老,旧臣。

㉝矜(jīn)育:怜惜抚育。

㉞伪朝:指蜀汉。

㉟历职郎署:指李密曾在蜀汉官署中担任过郎官职务。
㊱矜:矜持爱惜。
㊲宠命:恩命。指拜郎中、洗马等官职。优渥(wò):优厚。
㊳区区:拳拳。形容自己的私情。
㊴陛下:对帝王的尊称。
㊵乌鸟私情:相传乌鸦能反哺,所以常用来比喻子女对父母的孝养之情。
㊶二州:指益州和梁州。当时益州治所在今四川省成都市,梁州治所在今陕西省勉县东,二州区域大致相当于蜀汉所统辖的范围。牧伯:一州的长官。指太守逵与刺史荣。
㊷皇天后土:犹言天地神明。
㊸愚诚:愚拙的至诚之心。
㊹听:听从,同意。
㊺结草:据《左传·宣公十五年》记载,晋国大夫魏武子临死的时候,嘱咐他的儿子魏颗,把他的宠妾杀死以殉葬。魏颗没有照他父亲说的话做。后来魏颗跟秦国的杜回作战,看见一个老人结草绊倒杜回,杜回因此被擒。到了晚上,魏颗梦见结草的老人,他自称是没有被杀死的魏武子宠妾的父亲。后来就把"结草"用来作为报答恩人的表示。
㊻犬马:作者自比,表示谦卑。

　　《陈情表》是三国两晋时期文学家李密写给晋武帝的奏章。文章从自己幼年的不幸遭遇写起,说明自己与祖母相依为命的特殊感情,叙述祖母抚育自己的大恩,以及自己应该报养祖母的大义;除了感谢朝廷的知遇之恩以外,又表达了自己不能从命的苦衷,辞意恳切,真情流露,语言简洁,委婉畅达。此文被认为是中国文学史上抒情文的代表作之一,有"读诸葛亮《出师表》不流泪者不忠,读李密《陈情表》不流泪者不孝"的说法。相传晋武帝看了此表后很受感动,特赏赐李密奴婢二人,并命郡县按时给其祖母供养。

　　从文章中可以看出,李密在构思《陈情表》时,有三种交错出现的感情:首先是因处境狼狈而产生的忧惧之情;其次是对晋武帝"诏书切峻,责臣逋慢"的不满情绪;最后是对祖母刘氏的孝情。此篇表文是写给晋武帝的,为了达到"辞不就职"的目的。从这个目的出发,李密并没有把孝情一泄到底,而是用理性对感情加以节制,使它在不同的层次中、不同的前提下出现。第一段先写自己与祖母刘氏的特殊关系和特殊命运,抒发对祖母刘氏的孝情。第二段表白自己对朝廷感恩戴德,很想走马上任,但是"刘病日笃",这就从另一方面反衬了他孝情的深厚。因为孝情深厚,而"诏书切峻,责臣逋慢",所以才有"实为狼狈"的处境。前面抒发的孝情被节制以后,又在另一个前提下出现了。第三段作者转写自己"不矜名节",并非"有所希冀",不应诏做官,是因为"祖母无臣,无以终余年"。在排除了晋武帝的怀疑这个前提之下,再抒发对祖母刘氏的孝情,就显得更真实、更深切、更动人了。

9　春夜宴桃李园序

李白

夫天地者万物之逆旅①也；光阴者百代之过客②也。而浮生若梦③，为欢几何？古人秉烛夜游④，良有以⑤也。况阳春⑥召⑦我以烟景⑧，大块⑨假⑩我以文章⑪。会桃花之芳园，序⑫天伦⑬之乐事。群季⑭俊秀，皆为惠连⑮；吾人咏歌⑯，独惭康乐⑰。幽赏未已，高谈转清。开琼筵⑱以坐花⑲，飞羽觞⑳而醉月㉑。不有佳咏，何伸雅怀？如诗不成，罚依金谷酒数㉒。

【注释】

①逆旅：客舍，迎客止歇，所以客舍称逆旅。逆，迎接。旅，客。
②过客：过往的客人。
③浮生若梦：死生之差异，就好像梦与醒之不同，纷纭变化，不可究诘。
④秉烛夜游：谓及时行乐。秉，执。
⑤有以：有原因。这里是说人生有限，应夜以继日的游乐。以，因由，道理。
⑥阳春：和煦的春光。
⑦召：召唤，引申为吸引。
⑧烟景：春天气候温润，景色似含烟雾。
⑨大块：大地，大自然。
⑩假：借，这里是提供、赐予的意思。
⑪文章：这里指绚丽的色彩。古代以青与赤相配合为文，赤与白相配合为章。
⑫序：通"叙"，叙说。
⑬天伦：指父子、兄弟等亲属关系，这里专指兄弟。
⑭群季：诸弟。弟，年少者的称呼，这里泛指弟弟。兄弟长幼之序，曰伯（孟）、仲、叔、季，故以季代称弟。
⑮惠连：谢惠连，南朝诗人，早慧。这里以惠连来称赞诸弟的文采。
⑯咏歌：吟诗。
⑰康乐：南朝刘宋时山水诗人谢灵运，袭封康乐公，世称谢康乐。
⑱琼筵（yán）：华美的宴席。

⑲坐花:坐在花丛中。
⑳羽觞(shāng):古代一种酒器,作鸟雀状,有头尾羽翼。
㉑醉月:醉倒在月光下。
㉒金谷酒数:是罚酒三斗的隐语,后泛指宴会上罚酒三杯的常例。金谷,园名,晋石崇于金谷涧(在今河南省洛阳市西北)中所筑,他常在这里宴请宾客。

李白,字太白,号青莲居士,唐朝浪漫主义诗人,被后人誉为"诗仙",公元701年出生于西域碎叶城(一说蜀郡绵州昌隆县,今属四川省江油市),4岁再随父迁至剑南道绵州。李白存世诗文千余篇,有《李太白集》传世。他天性浪漫,为人豪爽大方,乐于交友,爱好饮酒作诗,名列"酒中八仙"。曾经得到唐玄宗李隆基赏识,担任翰林供奉,赐金放还,游历全国。

《春夜宴桃李园序》是唐代诗人李白旅居安陆(今湖北省孝感市下辖管理的一个县级市),和众兄弟在春夜宴会时所写。全篇百余字,紧扣题目,字字珠玑,句句溢彩。文章虽短,然跌宕有致,风格清俊潇洒,语言流畅自然。本文生动地记述了作者和众兄弟在春夜聚会、饮酒赋诗的情景。作者感叹天地广大,光阴易逝,人生短暂,欢乐甚少,而且还以古人"秉烛夜游"加以佐证,抒发了作者热爱生活、热爱自然的欢快心情,也显示了作者俯仰古今的广阔胸襟。文章写得潇洒自然,音调铿锵,精彩的骈偶句式使文章更加生色。文中不管是记时、记地、记人、记事,都充满着进取精神和生活激情,诗人把这种精神和激情,融合到手足亲情中,抒发显得真挚而亲切,充实而欢畅,神采飞扬而又充满生活气息。

10 师说

韩愈

　　古之学者①必有师。师者，所以传道受业解惑也②。人非生而知之者③，孰能无惑？惑而不从师，其为惑也④，终不解矣。生乎吾前⑤，其闻⑥道也固先乎吾，吾从而师之⑦；生乎吾后，其闻道也亦先乎吾，吾从而师之。吾师道也⑧，夫庸知其年之先后生于吾乎⑨？是故⑩无⑪贵无贱，无长无少，道之所存，师之所存也⑫。

　　嗟乎！师道⑬之不传也久矣！欲人之无惑也难矣！古之圣人，其出人⑭也远矣，犹且⑮从师而问焉；今之众人⑯，其下⑰圣人也亦远矣，而耻学于师⑱。是故圣益圣，愚益愚⑲。圣人之所以为圣，愚人之所以为愚，其皆出于此乎？爱其子，择师而教之；于其身⑳也，则耻师焉，惑矣㉑。彼童子之师㉒，授之书而习其句读㉓者，非吾所谓传其道解其惑者也。句读之不知㉔，惑之不解，或师焉，或不焉㉕，小学而大遗㉖，吾未见其明也。巫医㉗乐师百工㉘之人，不耻相师㉙。士大夫之族㉚，曰师曰弟子云者㉛，则群聚而笑之。问之，则曰："彼与彼年相若㉜也，道相似也，位卑则足羞，官盛则近谀㉝。"呜呼！师道之不复，可知矣。巫医乐师百工之人，君子不齿㉞，今其智乃㉟反不能及，其可怪也欤㊱！

　　圣人无常师㊲。孔子师郯子㊳、苌弘㊴、师襄㊵、老聃㊶。郯子之徒㊷，其贤不及孔子。孔子曰：三人行，则必有我师㊸。是故弟子不必㊹不如师，师不必贤于弟子，闻道有先后，术业有专攻㊺，如是而已。

　　李氏子蟠㊻，年十七，好古文，六艺经传皆通习之㊼，不拘于时㊽，学于余。余嘉其能行古道㊾，作《师说》以贻㊿之。

【注释】

①学者：求学的人。

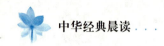

②师者,所以传道受业解惑也:老师是用来传授道理、教授学业、解释疑难问题的人。所以,用来……的。道,指儒家之道。受,通"授",传授。业,泛指古代经、史、诸子之学及古文写作。惑,疑难问题。

③人非生而知之者:人不是生下来就懂得道理。之,指知识和道理。《论语·季氏篇》载:"生而知之者,上也;学而知之者,次也;困而学之,又其次之;困而不学,民斯为下矣。"知,懂得。

④其为惑也:它们作为疑惑。

⑤生乎吾前:即生乎吾前者。乎,相当于"于",与下文"先乎吾"的"乎"相同。

⑥闻:听见,引申为知道、懂得。

⑦从而师之:跟从(他),拜他为老师。师,意动用法,以……为师。

⑧吾师道也:我(是向他)学习道理。

⑨夫庸知其年之先后生于吾乎:哪里去考虑他的年龄比我大还是小呢?知,了解、知道。

⑩是故:因此,所以。

⑪无:没有。

⑫道之所存,师之所存也:意思是哪里有道存在,哪里就有我的老师。

⑬师道:尊师学习的风尚。即"古之学者必有师"。

⑭出人:超出于众人之上。

⑮犹且:尚且。

⑯众人:普通人,一般人。

⑰下:不如,名词作动词。

⑱耻学于师:以向老师学习为耻。耻,以……为耻。

⑲是故圣益圣,愚益愚:因此圣人更加圣明,愚人更加愚昧。益,更加、越发。

⑳于其身:对于他自己。身,自身、自己。

㉑惑矣:糊涂啊!

㉒彼童子之师:那些教小孩子的启蒙老师。

㉓授之书而习其句读(dòu):教给他书,帮助他学习其中的文句。之,指童子。习,使……学习。其,指书。句读,也叫句逗,古人指文辞休止和停顿处,文辞意尽处为句,语意未尽而须停顿处为读(逗)。古代书籍上没有标点,老师教学童读书时要进行句读(逗)的教学。

㉔句读之不知:不知断句逗。

㉕或师焉,或不(fǒu)焉:有的从师,有的不从师。不,通"否"。

㉖小学而大遗:学了小的(指"句读之不知")却丢了大的(指"惑之不解")。遗,丢弃,放弃。

㉗巫医:古时巫、医不分,指以看病和降神祈祷为职业的人。

㉘百工:泛指各种工匠。

㉙相师:拜别人为师。

㉚族:类。

㉛曰师曰弟子云者:说谁是谁的老师、谁是谁的学生之类的话。

㉜年相若:年岁相近。

㉝位卑则足羞,官盛则近谀:以地位低者为师,就感到羞耻;以官职高者为师,就觉得是近乎谄媚。

足,可,够得上。盛,高大。谀,谄媚。

㉞不齿:不屑与之同列,即看不起。或作"鄙之"。

㉟乃:竟,竟然。

㊱其可怪也欤:难道值得奇怪吗? 其,难道,表反问。欤,语气词,表感叹。

㊲圣人无常师:圣人没有固定的老师。常,固定的。

㊳郯(tán)子:春秋时郯国(今山东省郯城县)国君,相传孔子曾向他请教官职的名称。

㊴苌(cháng)弘:东周敬王时候的大夫,相传孔子曾向他请教古乐。

㊵师襄:春秋时鲁国的乐官,相传孔子曾向他学琴。

㊶老聃(dān):即老子,姓李名耳,思想家,道家学派创始人。相传孔子曾向他学习周礼。

㊷之徒:这类人。

㊸三人行,则必有我师:三人同行,其中必定有我的老师。《论语·述而篇》载:"子曰:'三人行,必有我师焉。择其善者而从之,其不善者而改之。'"

㊹不必:不一定。

㊺术业有专攻:在业务上各有各的专门研究。攻,学习、研究。

㊻李氏子蟠(pán):李蟠,韩愈的弟子,唐德宗贞元十九年(803)进士。

㊼六艺经传(zhuàn)皆通之:学习了六艺的经文和传文。六艺,指六经,即《诗》《书》《礼》《乐》《易》《春秋》六部经书。《乐》已失传,此为古说。经,两汉及其以前的散文。传,解释经文的著作。通,普遍。

㊽不拘于时:指不受当时以求师为耻的不良风气的束缚。时,时俗,指当时士大夫中耻于从师的不良风气。于,被。

㊾余嘉其能行古道:我赞许他能遵行古人从师学习的风尚。嘉,赞许。

㊿贻(yí):赠送,赠予。

《师说》是作者于贞元十七年至十八年(801—802)在京任国子监四门博士时所作。文中虽正面论及师的作用、从师的重要性和以什么人为师等问题,但重点是批判当时流行于士大夫阶层中的耻于从师的不良风气。

文章开头一段,先从正面论述师道:从师的必要性和从师的标准(以谁为师)。这一段层层顶接,逻辑严密,概括精练,文字一气呵成,在全文中是一个纲领。这一段的"立",是为了下文的"破"。接着,作者分三层从不同的侧面批判当时士大夫中流行的耻于从师的不良风气。文章连续用了三个对比。第一,古今对比,阐明耻学于师违背圣人之道,其后果只能是更加愚昧。第二,将同一个人既明于择师教子的必要性,却又不明于自己从师的必要性,把这两种完全矛盾的做法加以对比,以子之矛攻子之盾,揭示那些糊涂人确实不通道理。第三,用巫医、乐师、百工之人与士大夫之族对比,进一步道出士大夫的错误心理,指出两种人的地位与智能的反差,发人深省。对比鲜明突出,作者的贬抑之辞也就显得恰如其分,具有说服力。在批判的基础上,他转而从正面论述"圣人无常师"。以孔子的言论和实践,说明师徒关系是相对的,凡是在道与业方面胜过自己或有一技之长的人都可以为师。这是对"道之所存,师之所存"这一观点的进一步论证,也是对士大夫耻于师事"位卑"者、"年近"者的现象的进一步批判。最后一段,交待写作这篇文章的缘由,借表彰"行古道"来进一步批判抛弃师道的今之众人。"古道"与首段"古之学者必有师"遥相呼应。

11　春江花月夜

张若虚

春江潮水连海平，海上明月共潮生。
滟滟①随波千万里，何处春江无月明。
江流宛转绕芳甸②，月照花林皆似霰③。
空里流霜④不觉飞，汀⑤上白沙看不见。
江天一色无纤尘⑥，皎皎空中孤月轮⑦。
江畔何人初见月？江月何年初照人？
人生代代无穷已，江月年年望相似⑧。
不知江月待何人，但见⑨长江送流水。
白云一片去悠悠，青枫浦⑩上不胜愁。
谁家今夜扁舟子⑪？何处相思明月楼⑫？
可怜楼上月裴回⑬，应照离人⑭妆镜台⑮。
玉户⑯帘中卷不去，捣衣砧⑰上拂还来。
此时相望不相闻⑱，愿逐月华流照君。
鸿雁长飞光不度，鱼龙潜跃水成文⑲。
昨夜闲潭⑳梦落花，可怜春半不还家。
江水流春去欲尽，江潭落月复西斜。
斜月沉沉藏海雾，碣石潇湘㉑无限路㉒。
不知乘月㉓几人归，落月摇情㉔满江树。

【注释】

①滟(yàn)滟：波光荡漾的样子。
②芳甸(diàn)：芳草丰茂的原野。甸，郊外之地。
③霰(xiàn)：天空中降落的白色不透明的小冰粒，形容月光下春花晶莹洁白。

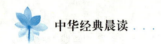

④流霜:飞霜,古人以为霜和雪一样,是从空中落下来的,所以叫流霜。在这里比喻月光皎洁,月色朦胧。

⑤汀(tīng):水边平地,小洲。

⑥纤尘:微细的灰尘。

⑦月轮:指月亮,因为月圆时像车轮,所以称为月轮。

⑧江月年年望相似:另一种版本为"江月年年只相似"。

⑨但见:只见、仅见。

⑩青枫浦:地名,今湖南省浏阳市境内,这里泛指游子所在的地方。

⑪扁舟子:飘荡江湖的游子。扁舟,小舟。

⑫明月楼:月夜下的闺楼。这里指闺中思妇。曹植《七哀》载:"明月照高楼,流光正徘徊。上有愁思妇,悲叹有余哀。"

⑬月裴回:指月光偏照闺楼,徘徊不去,令人不胜相思之苦。裴回,通"徘徊"。

⑭离人:此处指守候在家的思妇。

⑮妆镜台:梳妆台。

⑯玉户:形容楼阁华丽,以玉石镶嵌。

⑰捣衣砧(zhēn):捣衣石、捶布石。

⑱相闻:互通音信。

⑲文:通"纹"。

⑳闲潭:幽静的水潭。

㉑碣(jié)石、潇湘:一南一北,暗指路途遥远,相聚无望。潇湘,潇水和湘江。

㉒无限路:极言离人相距之远。

㉓乘月:趁着月光。

㉔摇情:激荡情思,犹言牵情。

《春江花月夜》被闻一多先生誉为"诗中的诗,顶峰上的顶峰"(《宫体诗的自赎》),一千多年来使无数读者为之倾倒。一生仅留下两首诗的张若虚,也因这一首诗,得到"孤篇横绝,竟为大家"的赞誉。这首诗既富于南方民歌的色彩与风调,又较成功地运用了齐梁到唐初百年酝酿而近于完成的新诗格律,还首次探索了七言诗中以小组转韵结合长篇的技巧,三者的糅合是那样完美,给后来的诗人提供了一个很好的范本。

《春江花月夜》的章法结构,以整齐为基调,以错杂显变化。三十六句诗,共分为九组,每四句一小组,一组三韵,另一组必定转用另一韵,像九首绝句,这是它整齐的一面。它的错综复杂则体现在九个韵脚的平仄变化。开头一、三组用平韵,二、四组用仄韵,随后五、六、七、八组皆用平韵,最后用仄韵结束,错落穿插,声调整齐而不呆板。在句式上,大量使用排比句、对偶句和流水对,起承转合,流畅精妙,气韵无穷。诗中春、江、花、月、夜、人几个主题词错落重叠,伸缩变化,把读者引入了一个丰富多彩、使人浑然忘我的境界。

12　登高①

杜甫

风急天高猿啸哀②,渚清沙白鸟飞回③。
无边落木萧萧④下,不尽长江滚滚来。
万里悲秋常作客⑤,百年⑥多病独登台。
艰难苦恨繁霜鬓⑦,潦倒新停⑧浊酒杯。

【注释】

①登高:农历九月九日为重阳节,历来有登高的习俗。
②猿啸哀:指长江三峡中猿猴凄厉的叫声。
③渚(zhǔ):水中的小洲,水中的小块陆地。鸟飞回:鸟在急风中飞舞盘旋。回,回旋。
④落木:指秋天飘落的树叶。萧萧:草木摇落的声音。
⑤万里:指远离故乡。常作客:长期漂泊他乡。
⑥百年:犹言一生,这里借指晚年。
⑦艰难:兼指国运和自身命运。苦恨:极恨,极其遗憾。苦,极。繁霜鬓:增多了白发,如鬓边着霜雪。繁,这里作动词,增多。
⑧潦倒:衰颓,失意。这里指衰老多病,志不得伸。新停:新近停止。重阳登高,例应喝酒,杜甫晚年因肺病戒酒,所以说"新停"。

　　此诗作于唐代宗大历二年(767)秋天,杜甫时在夔州(今重庆市奉节县)。此诗是杜甫在老年极端困窘的情况下写成的,被誉为"七律之冠"。全诗通过描写登高所见的秋江景色,倾诉了诗人长年漂泊、老病孤愁的复杂感情,慷慨激越、动人心弦。此诗前四句写登高见闻。首联写景,围绕夔州的特定环境,用"风急"二字带动全联,一开头就写成了千古流传的佳句。颔联集中表现了夔州秋天的典型特征。诗人仰望茫无边际、萧萧而下的树叶,俯视奔流不息、滚滚而来的江水,在写景的同时,已深沉地抒发了自己的情怀。前两联极力描写秋景,直到颈联,才点出一个"秋"字。秋天不一定可悲,只是诗人目睹苍凉、悲凉的秋景,不由想到自己沦落他乡、年老多病的处境,故生出无限悲愁之绪。尾联对结,并分承五、六两句。诗人备尝艰难潦倒之苦,再加上因病断酒,悲愁就更难排遣,本是兴致盎然的登高望远,此时却平白无故地惹恨添悲,诗人的矛盾心情是很容易理解的。

  诗歌前半部分写景,后半部分抒情,在写法上各有错综之妙。首联着重刻画眼前具体景物,好比画家的工笔,形、声、色、态,一一得到表现。颔联着重渲染整个秋天的气氛,好比画家的写意,只宜传神会意,让读者用想象来补充画面。颈联表现感情,从纵(时间)、横(空间)两方面着笔,由异乡漂泊写到多病残生。尾联又从白发日多、年老多病归结到时世艰难是潦倒不堪的根源。这样,杜甫忧国伤时的思想,便跃然纸上。此诗八句皆对,"一篇之中,句句皆律,一句之中,字字皆律",不只"全篇可法",而且"用句用字""皆古今人必不敢道,决不能道者"。

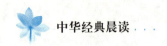

13 咏史(其二)

李商隐

历览前贤国与家,成由勤俭破由奢。①
何须琥珀方为枕②,岂得真珠始是车③?
运去不逢青海马④,力穷难拔蜀山蛇⑤。
几人曾预南薰曲⑥,终古苍梧哭翠华⑦。

【注释】

①历览:遍览。奢:享受。

②"何须"句:琥珀,松柏树脂之化石,有淡黄、褐、红褐诸种颜色,透明,质优者可作饰物。以琥珀做枕称琥珀枕,与下句"真珠车"皆借以喻唐文宗父兄穆宗、敬宗之奢侈。"何须",与下文"岂得"言文宗勤俭不奢。

③"岂得"句:真珠车,以真珠照乘之车。真珠,即珍珠。

④运去:指唐朝国运衰微。青海马:龙马,以喻贤臣。

⑤蜀山蛇:比喻宦官佞臣。

⑥预:与,意指听到。南薰曲:即《南风》。相传舜曾弹五弦琴,歌《南风》之诗而天下大治。

⑦苍梧:传为舜埋葬之地。这里借指唐文宗所葬的章陵。翠华:以翠羽为饰的旗帜或车盖,皇帝仪仗。舜逝于苍梧之野,故云"哭",此以舜比文宗。

李商隐以其高度的历史责任感和艺术上的创新精神,创作了占他全部诗篇七分之一强的咏史诗。其咏史诗扩展了传统咏史诗的含义,丰富了咏史诗的题材,探索了新的咏史诗写作手法,将其独特的思想性、艺术性臻于和谐统一。李商隐创作的咏史诗在咏史诗的发展史上具有里程碑的意义。他的咏史诗不仅咏古况今,充分反映了进步的历史观,而且借古讽今,含蓄地表达了他的现实主义倾向,同时还借题寄慨,委婉地抒发了他怀才不遇的苦闷。相对于一般诗人对时政的深沉感慨,李商隐的诗作扩大了咏史诗的表现容量。

  本诗的首联从总结历朝历代统治经验出发,得出成功大都由于勤俭,破败大都因为奢侈的经验教训。这一明确的以古鉴今的态度包含着深刻的用意,比前人的认识更自觉完整,充满着惋惜和同情,是抒情而不是议论。这样通过表面上的议论来抒情的写法是很特别的。颔联是对这一结论的具体印证。颈联推进一步,认为比勤俭更为重要的其实是国运和国力,一旦运去,就是虞舜那样的贤君也无回天之力,而只能遗恨终生,这才是这首诗的主旨。这种认识不免模糊含混,却是敏感的、深刻的,不但可以说明唐代的兴衰,还能用于观照许多末代帝王。尾联承上而下,由理而情,由情造境,进而转换为对文宗的哀悼。"运逢末世",身世之感与末世情怀是促成李商隐感伤诗风的内外两层背景,两者交织,将诗人内心的感伤越酿越浓。

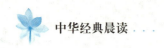

14 书端州①郡斋②壁

包拯

清心为治本,直道③是身谋。
秀干④终成栋⑤,精钢不作钩⑥。
仓充⑦鼠雀⑧喜,草尽兔狐愁。
史册有遗训,毋贻⑨来者羞。

【注释】

①端州:宋州名,治所在今广东省肇庆市。包拯曾任端州知州。
②郡斋:郡守的府第。
③直道:正直之道。
④秀干:茂盛的树干,喻指优秀的人才。
⑤栋(dòng):屋中的正梁,比喻担当国家重任的人。
⑥不作钩:不作弯曲的钩子,意思是说不愿枉道而行。
⑦仓充:粮仓贮存充足。比喻引起贪欲的财宝。
⑧鼠雀:指贪官污吏。
⑨贻(yí):留给。

康定元年(1040),包拯出任端州知州。当时端州以产端砚(贡品)著名,历任端州地方官趁进贡之机,向砚工额外索取数十倍端砚以中饱私囊。包拯到任后,严格规定按进贡需要数额限额交纳,自己更"不持一砚"。端砚一事触发了作者的感慨,于是创作了这首诗,以抒发其刚直无邪,对贪官污吏憎恶如仇的心绪。这首五律诗塑造了一位封建社会正直官员的光辉形象,表现了作者抛弃私欲、决心除暴安良并青史流芳的崇高品格与志节,可以认为是包拯身体力行的座右铭。诗作持重刚健,严谨有力,质朴无华,掷地作金石声,充满堂堂正正之气、磊磊落落之情。

  首联写为人处世之道:治理世事以清廉无私为根本,为人处世以刚直不阿为准则。颔联进一步写"直":只有笔直挺拔的树干,才能成栋梁之材;纯正的精钢,宁折不弯,决不被外力折服。作者以"秀干""精钢"自比,是自勉自励,也是自负自信,很有力度。颈联写除暴安良:先写鼠雀之"喜",是纵;后写兔狐之"愁",是擒。而铲除这些贪官污吏、害民之徒的根本办法,就是"草尽",即消除他们赖以生存和为非作歹的条件,这样他们就无法逞凶了。尾联写接受史书留下的教训,决不给后人留下耻笑的把柄。言外之意是要光耀青史、流芳千古。

15 念奴娇·赤壁怀古①

苏轼

大江②东去,浪淘③尽,千古风流人物④。故垒⑤西边,人道是,三国周郎⑥赤壁。乱石穿空,惊涛拍岸,卷起千堆雪⑦。江山如画,一时多少豪杰。

遥想⑧公瑾当年,小乔初嫁了⑨,雄姿英发⑩。羽扇纶巾⑪,谈笑间,樯橹⑫灰飞烟灭。故国神游⑬,多情应笑我,早生华发⑭。人生如梦,一尊还酹江月⑮。

【注释】

①念奴娇:词牌名。又名"百字令""酹江月"等。赤壁:此指黄州赤壁,一名"赤鼻矶",在今湖北省黄冈市西。而三国古战场的赤壁,学界众说纷纭,莫衷一是。

②大江:指长江。

③淘:冲洗,冲刷。

④风流人物:指杰出的历史名人。

⑤故垒:旧时军队遗留下来的营垒。

⑥周郎:指三国时吴国名将周瑜,字公瑾,少年得志,二十四岁即出任中郎将,掌管东吴重兵,吴中皆呼为"周郎"。下文中的"公瑾",即指周瑜。

⑦雪:比喻浪花。

⑧遥想:形容想得很远;回忆。

⑨小乔初嫁了(liǎo):《三国志·吴志·周瑜鲁肃吕蒙传》载,周瑜从孙策攻皖,"得桥公两女,皆国色也。策自纳大桥,瑜纳小桥。"乔,本作"桥"。其时距赤壁之战已经十年,此处言"初嫁",是言其少年得意,倜傥风流。

⑩雄姿英发(fā):谓周瑜体貌不凡,言谈卓绝。英发,谈吐不凡,见识卓越。

⑪羽扇纶(guān)巾:古代儒将的便装打扮。羽扇,羽毛制成的扇子。纶巾,青丝制成的头巾。

⑫樯橹(qiánglǔ):这里代指曹操的水军战船。"樯橹"一作"强虏",又作"樯虏",又作"狂虏"。樯,挂帆的桅杆。橹,一种摇船的桨。

⑬故国神游:"神游故国"的倒文。故国,这里指旧地,当年的赤壁战场。神游,于想象、梦境中游历。
⑭"多情"二句:"应笑我多情,早生华发"的倒文。华发(fà):花白的头发。
⑮一尊还(huán)酹(lèi)江月:古人祭奠以酒浇在地上祭奠。这里指洒酒酬月,寄托自己的感情。尊,通"樽",酒杯。

导读

　　这首词是苏轼游赏黄冈城外的赤壁(鼻)矶时所写,被誉为"千古绝唱",是北宋词坛最引人注目的作品之一。此词上阕重在写景,进而将时间与空间的距离紧缩,最终将笔墨集中到三国时代的风云人物身上。"大江"两句即地写景,为英雄人物出场铺垫,布置了一个极为广阔而悠久的空间、时间背景。接着"故垒"两句,点出这里是传说中的古代赤壁战场。"乱石"三句,集中描写赤壁雄奇壮阔的景物,把读者带进一个奔马轰雷、惊心动魄的奇险境界,使人心胸为之开阔,精神为之振奋。"江山如画",这脱口而出的赞美,应是作者和读者从大自然的雄伟画卷中自然而然地得出的结论。下阕由"遥想"领起六句,集中塑造青年将领周瑜的形象。作者在历史事实的基础上,挑选足以表现人物个性的素材,经过艺术集中、提炼和加工,从几个方面把人物刻画得栩栩如生。"雄姿英发,羽扇纶巾",是从肖像仪态上描写周瑜束装儒雅、风度翩翩,反映出作为指挥官的周瑜临战潇洒从容,说明他对这次战争成竹在胸。"谈笑间,樯橹灰飞烟灭",抓住了火攻水战的特点,精确地概括了整个战争的场景,将曹军的惨败情景形容殆尽。

　　总体来看,全词气势磅礴,格调雄浑,高唱入云,其境界之宏大,是前所未有的。通篇大笔挥洒,却也衬以谐婉之句,英俊将军与妙龄美人相映生辉,昂奋豪情与感慨超旷的思绪迭相递转,做到了庄中含谐,直中有曲,特别是它第一次以空前的气魄和艺术力量塑造了一个英气勃发的人物形象,透露了作者有志报国、壮怀难酬的感慨,为用词这一形式表达重大的社会题材,开拓了新的道路,产生了重大影响。当时有人认为此词须关西大汉手持铜琵琶、铁绰板进行演唱。虽然北宋时人囿于传统观念,对东坡词风不免微带讥诮,但也从另一方面说明,这首词的出现,对于仍然盛行缠绵悱恻之调的北宋词坛,确有振聋发聩的作用。

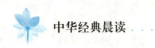

16 沁园春·雪①

毛泽东

北国②风光,千里冰封,万里雪飘。望长城内外,惟③余④莽莽⑤;大河上下⑥,顿失滔滔⑦。山舞银蛇,原驰蜡象⑧,欲与天公⑨试比高。须⑩晴日,看红装素裹⑪,分外妖娆⑫。

江山如此多娇,引无数英雄竞折腰⑬。惜秦皇⑭汉武⑮,略输文采⑯;唐宗⑰宋祖⑱,稍逊风骚⑲。一代天骄⑳,成吉思汗㉑,只识弯弓射大雕㉒。俱往矣㉓,数风流人物㉔,还看今朝。

【注释】

①雪:这首词作于1936年2月,红军东渡黄河、进入山西省西部的时候。作者在1945年10月7日写给柳亚子的信中说,这首词作于"初到陕北看见大雪时"。

②北国:我国北方地区。

③惟:只。

④余:剩下。

⑤莽莽:无边无际。

⑥大河上下:犹言整条黄河。大河,指黄河。

⑦顿失滔滔:(黄河)立刻失去了波涛滚滚的气势。此句描写黄河水结冰的景象。

⑧山舞银蛇,原驰蜡象:群山好像(一条条)银蛇在舞动。高原(上的丘陵)好像(许多)白象在奔跑。原,指高原,即秦晋高原。蜡象,白色的象。

⑨天公:指天,即命运。

⑩须:等到。

⑪红装素裹:形容雪后天晴,红日和白雪交相辉映的壮丽景色。红装,这里指红日为大地披上了红装。素裹,这里指皑皑白雪覆盖着大地。

⑫分外妖娆:格外娇艳美好。

⑬竞折腰:折腰,倾倒,躬着腰侍候。这里是说争着为江山奔走操劳。

⑭秦皇:秦始皇嬴政(前259—前210),秦朝的开国皇帝。

⑮汉武:汉武帝刘彻(前156—前87),汉朝功业最盛的皇帝。

⑯略输文采:是说秦皇、汉武的武功甚盛,文治方面的成就略有逊色。文采,本指辞藻、才华。

⑰唐宗:唐太宗李世民(599—649),唐朝建立统一大业的皇帝。

⑱宋祖:宋太祖赵匡胤(927—976),宋朝的开国皇帝。

⑲稍逊风骚:意近"略输文采"。风骚,本指《诗经》里的《国风》和《楚辞》里的《离骚》,后来泛指文章辞藻。

⑳一代天骄:指可以称雄一世的英雄人物,泛指非常著名、有才能的人物。天骄,"天之骄子"的省略语,意思是上天骄纵宠爱的人,成吉思汗即是。

㉑成吉思汗(hán):元太祖铁木真(1162—1227)在1206年统一蒙古后的尊称,意为"强者之汗"(汗即王)。后蒙古于1271年改国号为元,成吉思汗被尊为建立元朝的始祖。

㉒只识弯弓射大雕:只以武功见长。雕,一种属于鹰类的大型猛禽,善飞难射,古代用"射雕手"比喻高强的射手。

㉓俱往矣:都已经过去了。俱,都。

㉔数风流人物:称得上英雄的人物。数,数得着、称得上的意思。风流人物,指建功立业的英雄人物。作者自注:"末三句,是指无产阶级。"

导读

毛泽东诗词是中华诗词海洋中的一朵奇葩。《沁园春·雪》更被南社柳亚子盛赞为千古绝唱。上阕描写乍暖还寒的北国雪景,展现伟大祖国的壮丽山河。"江山如此多娇",承上启下,将全词连接得天衣无缝。下阕由毛主席对祖国山河的壮丽感叹,引出秦皇、汉武等英雄人物,纵论历代英雄人物,抒发作者伟大的抱负。"俱往矣"三字,言有尽而意无穷,有画龙点睛之妙,将中国封建社会的历史一笔带过,转向诗人所处的时代,点出全词"数风流人物,还看今朝"的主题。"今朝"是一个新的时代,新的时代需要新的风流人物来带领。"今朝"的风流人物不负历史的使命,超越历史上的英雄人物,具有更卓越的才能,并且必将创造空前伟大的业绩,这是诗人坚定的自信和伟大的抱负。作者以震撼千古的结语发出了超越历史的宣言,道出了改造世界的壮志。

《沁园春·雪》突出体现了毛泽东词风的雄健、大气。作为领袖的毛泽东的博大胸襟和抱负,与广阔雄奇的北国雪景发生同构,作者目接"千里""万里","欲与天公试比高";视通几千年,指点江山主沉浮,风格雄阔豪放、气势磅礴。全词用字遣词、设喻用典均明快有力,挥洒自如,辞义畅达。

17 再别康桥

徐志摩

轻轻的我走了，
正如我轻轻的来；
我轻轻的招手，
作别西天的云彩。

那河畔的金柳，
是夕阳中的新娘；
波光里的艳影，
在我的心头荡漾。

软泥上的青荇①，
油油的在水底招摇②：
在康河的柔波里，
我甘心做一条水草！

那榆荫下的一潭，
不是清泉，是天上虹
揉碎在浮藻间，
沉淀着彩虹似的梦。

寻梦？撑一支长篙③，
向青草更青处漫溯④，
满载一船星辉，
在星辉斑斓里放歌。

但我不能放歌,
悄悄是别离的笙箫;
夏虫也为我沉默,
沉默是今晚的康桥!

悄悄的我走了,
正如我悄悄的来;
我挥一挥衣袖,
不带走一片云彩。

十一月六日,中国海上

【注释】

①青荇(xìng):多年生草本植物,叶子略呈圆形,浮在水面,根生在水底,花黄色。
②招摇:这里有"逍遥"之意。
③篙(gāo):用竹竿或杉木等制成的撑船工具。
④溯(sù):逆着水流的方向走。

导读

《再别康桥》是一首写景的抒情诗,共七节,每节四行,每行两顿或三顿,不拘一格而又法度严谨,读来抑扬顿挫,朗朗上口。全诗错落有致地排列,韵律在其中如徐行缓步般地铺展,体现了徐志摩的"诗美"主张。第一节用舒缓的节奏,轻盈的动作,缠绵的情意,怀着淡淡的哀愁,为整首诗定下了一个基调。第二节化客为主,实写康河的美。柳树在古诗里与"留"谐音,有惜别的含义,它把诗人的牵挂表现得非常形象。此处诗人运用的手法是比拟(拟人、拟物)。第三节移主为客,突出了康河的明静和自由自在的状况,正好表现出徐志摩和康桥的密切关系,做到两相交融,物我难忘。第四节是转折点,运用了虚实结合的手法,"实"是对景物的描写,"虚"是象征手法的运用。第五节是徐志摩对往昔生活的回忆、留恋。第六节是情感的高潮,充分表现了徐志摩对康桥的情感,表现了离别的惆怅。第七节"云彩"有象征意味,代表彩虹似的梦,它倒映在水中,但并不带走,因此再别康桥不是和他母校告别,而是和给他一生带来最大变化的康桥文化的告别,是再别康桥理想。

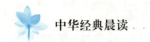

  这首诗抒发的情感有三：留恋之情、惜别之情和理想幻灭后的感伤之情。诗人将具体景物与想象糅合在一起，构成诗的鲜明生动的艺术形象，巧妙地把气氛、感情、景象融入意境，表现出高度的艺术技巧，达到景中有情、情中有景。诗的结构形式严谨整齐，错落有致，诗人似乎有意把格律诗与自由诗二者的形式糅合起来，使之成为一种新的诗歌形式，富有民族化、现代化的建筑美。诗的语言清新秀丽，节奏轻柔委婉，和谐自然，伴随着情感的起伏跳跃，犹如一曲悦耳徐缓的散板，轻盈婉转，拨动着读者的心弦。诗人闻一多在20世纪20年代曾提倡现代诗歌的"音乐的美""绘画的美""建筑的美"。《再别康桥》一诗可以说是"三美"具备，堪称徐志摩诗作中的绝唱。

18 热爱生命

汪国真

我不去想,是否能够成功,
既然选择了远方,便只顾风雨兼程。

我不去想,能否赢得爱情,
既然钟情于玫瑰,就勇敢地吐露真诚。

我不去想,身后会不会袭来寒风冷雨,
既然目标是地平线,留给世界的只能是背影。

我不去想,未来是平坦还是泥泞,
只要热爱生命,一切,都在意料之中。

导 读

此诗写于1986年,是一首富含励志色彩的抒情诗歌。从内容上看,这首诗提出了"热爱生命"这一严肃的人生命题。诗的标题亮出了作者的观点,抓住了读者的心。"热爱生命"是多么响亮的口号,似黎明嘹亮的号角,如沙场催人的战鼓。这首诗以成功、爱情、奋斗、未来四个肯定的回答,阐释为何要热爱生命的哲理。诗人正值风华正茂、意气风发之时,面对理想、事业、爱情等人生大事,表现出具有时代气息的价值观和人生态度。热爱生命,不是因为想要获得而去热爱,而是因为热爱而最终获得。这样,诗歌的主题就升华了。

全诗用四大主题来诠释"热爱生命"。诗歌的主题需要形象的表现,一首好诗,不能是徒具铿锵的外壳,也不能只有单调的说教。"既然选择了远方,便只顾风雨兼程。"诗人没有呼喊口号,而是娓娓吟唱,潜移默化地浸润读者心扉。诗人从内容的构造上,向我们展示了人生的四大主题——成功、爱情、奋斗、未来。这四大主题不难懂,不故弄玄虚,不用生僻的意象,背弃孤傲,并在韵律的营造上有了进一步的提高。全诗音韵和谐,诗韵精妙。

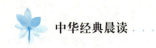

19　谈骨气

吴晗

我们中国人是有骨气的。

战国时代的孟子,有几句很好的话:"富贵不能淫,贫贱不能移,威武不能屈,此之谓大丈夫。"意思是说,高官厚禄收买不了,贫穷困苦折磨不了,强暴武力威胁不了,这就是所谓大丈夫。大丈夫的这种种行为,表现出了英雄气概,我们今天就叫作有骨气。

我国经过了奴隶社会、封建社会的漫长时期,每个时代都有很多这样有骨气的人,我们就是这些有骨气的人的子孙,我们是有着优良革命传统的民族。

当然,社会不同,阶级不同,骨气的具体含义也不同。这一点必须认识清楚。但是,就坚定不移地为当时的进步事业服务这一原则来说,我们祖先的许多有骨气的动人事迹,还有它积极的教育意义,是值得我们学习的。

南宋末年,首都临安被元军攻入,丞相文天祥组织武装力量坚决抵抗,失败被俘后,元朝劝他投降,他写了一首诗,其中有两句是:"人生自古谁无死,留取丹心照汗青。"意思是人总是要死的,就看怎样死法,是屈辱而死呢,还是为民族利益而死?他选取了后者,要把这片忠心纪录在历史上。文天祥被拘囚在北京一个阴湿的地牢里,受尽了折磨,元朝多次派人劝他,只要投降,便可以做大官,但他坚决拒绝,终于在公元1283年被杀害了。

孟子说的几句话,在文天祥身上都表现出来了。他写的有名的《正气歌》,歌颂了古代有骨气的人的英雄气概,并且以自己的生命来抗拒压迫,号召人民继续起来反抗。

另一个故事是古代有一个穷人,饿得快死了,有人丢给他一碗饭,说:"嗟,来食!"(喂,来吃!)饿人拒绝了"嗟来"的施舍,不吃这碗饭,后来就饿死了。不食嗟来之食这个故事很有名,传说了千百年,也是有积极意义的。那人摆着一副慈善家的面孔,吆喝一声"喂,来吃!"这个味道是不好受的。吃了这碗饭,第二步怎样呢?显然,他不会白白施舍,吃他的饭就要替他办事。那位穷人是有骨气的:看你那副脸孔、那个神气,宁可饿死,也不吃你的饭。

不食嗟来之食,表现了中国人民的骨气。

还有个例子。民主战士闻一多是在1946年7月15日被国民党枪杀的。在这之前,朋友们得到要暗杀他的消息,劝告他暂时隐蔽,他毫不在乎,照常工作,而且更加努力。明知敌人要杀他,在被害前几分钟还大声疾呼,痛斥国民党特务,指出他们的日子不会很长久了,人民民主一定得到胜利。毛主席在《别了,司徒雷登》一文中指出:"许多曾经是自由主义者或民主个人主义者的人们,在美国帝国主义者及其走狗国民党反动派面前站起来了。闻一多拍案而起,横眉怒对国民党的手枪,宁可倒下去,不愿屈服。"高度赞扬他表现了我们民族的英雄气概。

孟子的这些话,虽然是在两千多年以前说的,但直到现在,还有它积极的意义。当然我们无产阶级有自己的英雄气概,有自己的骨气,这就是绝不向任何困难低头,压不扁,折不弯,顶得住,吓不倒,为了社会主义、共产主义建设的胜利,我们一定能够克服任何困难,奋勇前进。

导 读

吴晗的《谈骨气》一文,是一篇以阐发我们民族的英雄气概、号召人民团结奋斗为主旨的具有鲜明战斗性的议论文。文章可以分为三层:第一层首先直接申明"中国人是有骨气的",继而从理论上阐明了"骨气"的含义;第二层引述了三个例子,具体说明中国人历来是有骨气的;第三层在以上论述的基础上加深一步,指出"骨气"在当今时代的具体内容和在当前发扬我们民族的这一光荣传统的意义。这三层紧密衔接,互相照应,层层深入,首尾贯通,对什么是有骨气、怎样做才算有骨气、为什么要提倡有骨气等问题,进行了生动具体的阐述。

文章按照议论的需要安排基本结构:第一段摆出议论的中心——中国人是有骨气的,然后对什么是骨气及这种精神在我们民族发展史上的地位做了简要的说明。这样,既能使人对议论中心有一个较深的了解,又完成了对"什么是骨气"做一番必要的说明。接着,作者用实例证明了"中国人是有骨气的"这一判断,又从不同方面,对"怎样做才是有骨气的"这个问题进行生动具体的说明。最后,作者又把话题引回开头,不但做到了首尾照应,而且自然地由追溯传统过渡到号召发扬传统。同时,对于在今天提倡"要有骨气"的意义,也做了必要的说明。

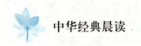

20　清平乐·六盘山

毛泽东

天高云淡，望断南飞雁。
不到长城非好汉，屈指行程二万。
六盘山上高峰，红旗漫卷西风。
今日长缨在手，何时缚住苍龙？

《清平乐·六盘山》是毛泽东翻越六盘山时的咏怀之作，写于1935年10月。中央红军长途跋涉两万五千里，跨越多个省份，粉碎数十万敌军的围追堵截，眼看胜利在即。1935年10月7日，毛泽东亲率众将士登上了万里长征的最后一座主峰——六盘山。面对西部的高天白云、清朗秋气，再凝望阵阵南飞的大雁，毛泽东一抒胸中情怀，以闲远欢欣之气凝望新的征程，心中无限感慨。这首词展示了毛泽东对革命胜利的乐观情绪和宏伟抱负，其中一句"今日长缨在手，何时缚住苍龙"，展现了革命任重道远而又信心百倍的光辉前景。

出淤泥而不染
濯清涟而不妖

第三学期

1 木瓜①

《诗经·国风·卫风》

投我以木瓜,报之以琼琚②。匪报也,永以为好也③!
投我以木桃④,报之以琼瑶。匪报也,永以为好也!
投我以木李⑤,报之以琼玖。匪报也,永以为好也!

【注释】

①木瓜:落叶灌木,果似小瓜。古代有以瓜果之类为朋友的信物的风俗。
②投我以木瓜,报之以琼琚:你将木瓜投给我,我将回报你珍贵的佩玉。投,投掷,此作赠送,给予。报,报答。琼琚,佩玉名,古代的饰物。后文"琼玖""琼瑶"同此。
③匪报也,永以为好也:并非只是为了回报,而是表示永远相爱。匪,通"非"。好,爱。
④木桃:蔷薇科木瓜属,落叶小乔木,无枝刺。
⑤木李:果名,又名木梨。

导 读

《木瓜》是现今传诵最广的《诗经》名篇之一,是通过赠答表达深厚情意的诗作,从"投我以木瓜,报之以琼琚"生发出成语"投木报琼"。回报的价值总比受赠的价值昂贵得多,以此来表达对双方之间情意的珍视,和对对方的爱慕之情。回赠的物品及其价值的高低并不重要,在此看重的是它的象征意义,只不过作为报答的物品更贵重,情意更深厚。

对于这首知名度很高的先秦古诗,古往今来解析其主旨的说法有七种之多。由于诗的文本语义很简单,就使得对其主题的探寻有较大的自由度,正如一个概念的内涵越小,它的外延就越大,因此,轻易肯定、否定某一家之说是不可取的。有鉴于此,笔者倾向于在较宽泛的意义上理解此诗,将其视为一首通过赠答表达深厚情意的诗作。《木瓜》一

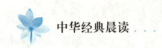

诗,从章句结构上看,很有特色。首先,没用《诗经》经典的四字句,作者有意无意地利用这种句式营造一种跌宕有致的韵味,以此在歌唱时取得声情并茂的效果。其次,语句具有极高的重叠复沓程度。这是由《诗经》的音乐性与文学性双重特点决定的。这种重章叠句的形式是诗经的一大特点,通过一唱三叹的咏唱,使全诗的感情一步一步加深。

2　秋水(节选)

庄子

秋水时至,百川灌河①,泾②流之大,两涘渚崖之间,不辩牛马。于是焉,河伯欣然自喜,以天下之美为尽在己。顺流而东行,至于北海,东面而视,不见水端。于是焉河伯始旋③其面目,望洋向若而叹④曰:"野语有之曰:'闻道百,以为莫己若'者,我之谓也。且夫我尝闻少仲尼之闻而轻伯夷⑤之义者,始吾弗信,今我睹子⑥之难穷也,吾非至于子之门则殆矣,吾长⑦见笑于大方之家⑧。"

【注释】

①时:按季节。灌:注入。河:黄河。

②泾(jīng):通"径",直流的水波,此指水流。

③旋:转,改变。

④望洋向若而叹:原指在伟大事物面前感叹自己的渺小,现多比喻做事时因力不胜任或没有条件而感到无可奈何。望洋,仰视的样子。

⑤伯夷:商代诸侯孤竹君之子,被认为节义高尚之士。

⑥子:原指海神,此指海水。

⑦长:永远。

⑧大方之家:有学问的人。后演变为成语"贻笑大方",指让内行人笑话。

导读

《秋水》是《庄子》的又一长篇,中心是讨论人应怎样去认识外物。全篇由两大部分组成。此文是前一部分,写北海海神跟河神的谈话,一问一答一气呵成,构成本篇的主体。文章开篇,直切入题,引众人进入文章自身的世界之中。时值秋季,雨水连绵,逐渐成势,河水由支流渐渐汇集到干流之中,互相增益,形成了"泾流之大,两涘渚崖之间,不辩牛马"的浩大场景,这就难怪"河伯欣然自喜,以天下之美为尽在己"了。等到河伯顺流而下到达大海之后,见到了大海的辽阔景象,才明白先前自己的自满是多么可笑。不过,河伯的可贵之处在于:在他意识到自己的错误之后,能够及时自我反省。大海如此谦虚,我们更不可骄傲。现代科学所认识的和茫茫的宇宙相比,也只是沧海一粟,我们对宇宙的认识只能称为管窥蠡测。

3 中庸①(节选)

子思

天命②之谓性,率性之谓道③;修道之谓教④。道也者,不可须臾离也;可离,非道也。是故君子戒慎乎其所不睹⑤,恐惧乎其所不闻⑥。莫见乎隐⑦,莫显乎微。故君子慎其独⑧也。喜、怒、哀、乐之未发⑨,谓之中⑩。发而皆中节⑪,谓之和⑫。中也者,天下之大本⑬也。和也者,天下之达道⑭也。致⑮中和,天地位⑯焉,万物育焉。(第一章)

君子素其位⑰而行,不愿乎其外。

素富贵,行乎富贵;素贫贱,行乎贫贱;素夷狄⑱,行乎夷狄;素患难,行乎患难。君子无入而不自得焉。

在上位,不陵下;在下位,不援上;正己而不求于人则无怨。上不怨天,下不尤人。

故君子居易以俟⑲命,小人行险以徼幸⑳。

子曰:"射㉑有似乎君子,失诸正鹄㉒,反求诸其身。"(第十四章)

【注释】

①中庸:据朱熹注,为不偏不倚、无过无不及之意。庸,平常。中庸之道是儒家的伦理道德准则,为常行之礼。

②天:此处"天"既有"自然的天"的意蕴,也有形而上的哲学内涵。命:赋予。

③率性:遵循本性。道:本意为路,这里引申为规律。

④修道之谓教:根据"道"来施行自身的修养。修,整治。教,教化。

⑤不睹:指看不到的地方。

⑥不闻:指听不到的事情。

⑦莫:没有什么比……更……。见(xiàn):通"现",显现。隐:隐蔽,暗处。

⑧独:独处。

⑨发:发动,显现。

⑩中：不偏不倚。
⑪中(zhòng)节：符合节度。
⑫和：指情绪平正，无乖戾之气。
⑬大本：最高的根源，即天命之性。
⑭达道：通途，通达之路，即共同之道、普遍的原则。
⑮致：达成。
⑯位：指各得其位，各得其所而不错乱。
⑰素其位：意为安于现在所处的地位。素，平素，此处用作动词。
⑱夷狄：古时华夏民族以自己为中心，把其他民族都看作未开化之民族。东方的部族称作夷，北方的部族称为狄。
⑲易：平地，引申为平易安定之处。俟：等待。
⑳行险：冒险。徼幸：贪求非分的东西。
㉑射：指射箭。
㉒正鹄(gǔ)：箭靶正中的圆心。

导 读

《中庸》是中国古代论述人生修养境界的一部道德哲学专著，是儒家经典之一，原是《礼记》第三十一篇，相传为战国时期子思所作。全文共三千五百多字，朱熹将之从《礼记》中抽出，分为三十三章，阐述为自上古大圣以来的儒家道统心法，涉及为人处世之道、德行标准及学习方式等诸多方面。其内容肯定"中庸"是道德行为的最高标准，把"诚"看成是世界的本体，认为"至诚"则达到人生的最高境界，并提出"博学之，审问之，慎思之，明辨之，笃行之"的学习过程和认识方法。《中庸》与《大学》《论语》《孟子》合称为"四书"。

《中庸》的主旨是论中和，探讨致中和的方法。中和是宇宙的本来状态。人的可教育，就在于能中和；政教的作用，就在于致中和。《中庸》第一章（"天命之谓性"）是总纲，认为自然赋予人的本质就是人性，遵循人的本真善性就是道，修养本真善性就是教。道即率性，率性就是自然、平常，平常之理即常规常理，自然的常规常理就是中，就是和。"素位而行"，指君子安于现时所处的地位，去做应做的事，不生非分之想。君子无论何时，安于现状就会自有所得。处于上位，不欺侮在下位的人；处于下位，不攀援在上位的人。端正自己而不苛求别人，这样就不会有什么抱怨了。上不抱怨天，下不抱怨人。君子安于现状，等待天命，小人却铤而走险，妄图获得非分的东西。正如孔子所说，君子立身处世就像射箭一样，射不中，不怪箭靶不正，只怪自己箭术不行。

4　归园田居(其一)

陶渊明

少无适俗韵①,性本爱丘山。误落尘网②中,一去三十年③。羁鸟恋旧林,池鱼思故渊④。开荒南野际⑤,守拙⑥归园田。方宅⑦十余亩,草屋八九间。榆柳荫⑧后檐,桃李罗⑨堂前。暧暧⑩远人村,依依墟里⑪烟。狗吠深巷中,鸡鸣桑树颠。户庭无尘杂⑫,虚室有余闲⑬。久在樊笼⑭里,复得返自然⑮。

【注释】

①适俗:适应世俗。韵:气质,情致。

②尘网:指世俗的种种束缚。

③三十年:疑当作"十三年"。陶渊明自太元十八年(393)初仕江州祭酒,于义熙元年(405)辞彭泽令归田,恰好是十三个年头。

④鸟恋旧林、鱼思故渊,借喻自己怀恋旧居。羁鸟:笼中之鸟。恋作"眷"。池鱼:池塘之鱼。

⑤野:田野。际:间。

⑥守拙(zhuō):意思是不随波逐流,固守节操。

⑦方宅:宅子四周。

⑧荫(yīn):遮蔽。

⑨罗:罗列。

⑩暧暧(ài):昏暗、模糊、暗淡的样子。

⑪依依:轻柔而缓慢地飘升。墟里:村落。

⑫户庭:门户庭院。尘杂:尘俗杂事。

⑬虚室:静室。余闲:闲暇。

⑭樊(fán)笼:关鸟兽的笼子,这里比喻仕途、官场生活,束缚本性的俗世。樊,藩篱,栅栏。

⑮返自然:指归耕园田。

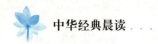

陶渊明(约365—427),名潜,字元亮,号五柳先生,谥号靖节。东晋末至刘宋初诗人、文学家、辞赋家、散文家,浔阳柴桑(今江西省九江市)人。曾做过几年小官,后辞官回家,从此隐居。田园生活是陶渊明诗歌的主要题材,诗风平淡自然,语言清新,个性鲜明。今存《陶渊明集》十卷,诗约120首,文十余篇。

陶渊明因无法忍受官场的污浊与世俗的束缚,坚决辞官归隐,躬耕田园。脱离仕途的那种轻松之感,返回自然的那种欣悦之情,还有清静的田园、淳朴的交往、躬耕的体验,使得这首诗成为杰出的田园诗章。这首诗生动地描写了诗人归隐后的生活和乡居乐趣,抒发了作者辞官归隐后的愉快心情,从而表达了他对田园生活的热爱;同时隐含了对黑暗腐败的官场厌恶之感,表现了作者不愿同流合污,为保持独立的人格和高尚的情操而甘受田间生活的艰辛。这首诗运用白描手法描写园田风光,远近景相交,有声有色。诗中多处运用对偶句及对比手法,语言明白清新,几如白话,质朴无华。诗歌集中体现了陶渊明追求自由、安于清贫、隐逸山野、洁身自好、远离官场、超脱世俗的境界。陶渊明写《归园田居》其实是写自己理想的安身之所。

5 三字经(节选)

王应麟

凡训蒙,须讲究。详训诂,明句读。
为学者,必有初。小学终,至四书。
论语者,二十篇。群弟子,记善言。
孟子者,七篇止。讲道德,说仁义。
作中庸,子思笔。中不偏,庸不易。
作大学,乃曾子。自修齐,至平治。
孝经通,四书熟。如六经,始可读。
诗书易,礼春秋。号六经,当讲求。
有连山,有归藏,有周易,三易①详。
有典谟,有训诰,有誓命,书②之奥。
我周公,作周礼。著六官,存治体。
大小戴,注礼记。述圣言,礼乐备。
曰国风,曰雅颂。号四诗,当讽咏。
诗既亡,春秋作。寓褒贬,别善恶。
三传者,有公羊。有左氏,有穀梁。
经既明,方读子。撮其要,记其事。
五子者,有荀扬。文中子,及老庄。

经子通,读诸史。考世系,知终始。
自羲农,至黄帝。号三皇,居上世。
唐有虞,号二帝。相揖逊,称盛世。
夏有禹,商有汤。周文武,称三王。
夏传子,家天下。四百载,迁夏社。

汤伐夏，国号商，六百载，至纣亡。
周武王，始诛纣。八百载，最长久。
周辙东，王纲坠。逞干戈，尚游说。
始春秋，终战国。五霸强，七雄出。
嬴秦氏，始兼并。传二世，楚汉争。
高祖兴，汉业建。至孝平，王莽篡。
光武兴，为东汉。四百年，终于献。
魏蜀吴，争汉鼎。号三国，迄两晋。
宋齐继，梁陈承。为南朝，都金陵。
北元魏，分东西。宇文周，与高齐。
迨至隋，一土宇。不再传，失统绪。
唐高祖，起义师。除隋乱，创国基。
二十传，三百载。梁灭之，国乃改。
梁唐晋，及汉周。称五代，皆有由。
炎宋兴，受周禅。十八传，南北混。
辽与金，皆称帝。元灭金，绝宋世。
莅中国，兼戎狄。九十载，国祚废。
太祖兴，国大明，号洪武，都金陵。
迨成祖，迁燕京，十七世，至崇祯。
权阉肆，寇如林。至李闯，神器焚。
清世祖，膺景命。靖四方，克大定。
廿二史，全在兹。载治乱，知兴衰。
读史者，考实录。通古今，若亲目。

口而诵，心而惟。朝于斯，夕于斯。
昔仲尼，师项橐③。古圣贤，尚勤学。
赵中令，读鲁论。彼既仕，学且勤。
披蒲编，削竹简。彼无书，且知勉。
头悬梁，锥刺股。彼不教，自勤苦。
如囊萤，如映雪。家虽贫，学不辍。
如负薪，如挂角。身虽劳，犹苦卓。

苏老泉,二十七。始发愤,读书籍。
彼既老,犹悔迟。尔小生,宜早思。
若梁灏,八十二,对大廷,魁多士。
彼既成,众称异。尔小生,宜立志。
莹八岁,能咏诗。泌七岁,能赋棋。
彼颖悟,人称奇。尔幼学,当效之。
蔡文姬,能辨琴。谢道韫,能咏吟。
彼女子,且聪敏。尔男子,当自警。
唐刘晏,方七岁。举神童,作正字。
彼虽幼,身已仕。有为者,亦若是。
犬守夜,鸡司晨。苟不学,曷为人。
蚕吐丝,蜂酿蜜。人不学,不如物。
幼而学,壮而行。上致君,下泽民。
扬名声,显父母。光于前,裕于后。
人遗子,金满籝。我教子,惟一经。
勤有功,戏无益。戒之哉,宜勉力。

【注释】

①三易:《连山》《归藏》《周易》,合称"三易"。
②书:所录为各代文献资料,主要有典、谟、训、诰、誓、命等。
③项橐(tuó):春秋时代鲁国神童,七岁为孔子老师,学识渊远,为当世及后世之师,被尊为"圣公"。

《三字经》内容可分为六个部分,每一部分有一个中心,此文节选了后三部分。"凡训蒙,须讲究"到"文中子,及老庄",介绍中国古代的重要典籍和儿童读书的程序,这部分列举的书籍有四书、六经、三易、四诗、三传、五子,基本包括了儒家的典籍和部分先秦诸子的著作;"经子通,读诸史"到"通古今,若亲目",讲述的是从三皇至民国的变革,一部中国史的基本面貌尽在其中;"口而诵,心而惟"至"戒之哉,宜勉力",强调学习要勤奋刻苦、孜孜不倦,只有从小打下良好的学习基础,长大才能有所作为,"上致君,下泽民"。《三字经》内容的排列顺序极有章法,体现了作者的教育思想。作者认为教育孩子首先重在礼仪孝悌,要端正孩子的思想,知识的传授则在其次,即"首孝悌,次见闻"。训导儿童要先从小学入手,即先识字,然后读经、子两类的典籍。经部、子部书读过后,再学习史书,最后强调学习的态度和目的。《三字经》用典多,知识性强,是一部在儒家思想指导下编成的读物,充满了积极向上的精神。

6 王阳明家训(节选)

王阳明

幼儿曹①，听教诲：勤读书，要孝悌；学谦恭，循礼仪；节饮食，戒游戏；毋说谎，毋贪利；毋任情，毋斗气；毋责人，但自治。能下人，是有志；能容人，是大器。凡做人，在心地；心地好，是良士；心地恶，是凶类。譬树果，心是蒂；蒂若坏，果必坠。吾教汝，全在是。汝谛听，勿轻弃。

【注释】

①幼儿曹：孩子们。曹，"等、辈"之意。

导读

该文又称《示宪儿》三字诗。王阳明家规的核心是良知教育，主张"蒙以养正"，把勤读书、早立志、学做人、做好人作为家规教育的重中之重。《王阳明家训》无论是"三字经"载体，或是"心学"的内容，都适合作为现代家庭教育的范本，与当代社会主义核心价值观也深度契合。王阳明倡导文明和谐的伦理道德，如"勤读书，要孝悌；学谦恭，循礼仪"；提倡向上的日常规范，如"节饮食，戒游戏；毋说谎，毋贪利"。王阳明思想的核心是宣扬"知行合一，致良知"的"心学"，其家训最后一部分也揭示"心学"精髓——"凡做人，在心地；心地好，是良士；心地恶，是凶类"，强调"心"之重要。在今天，这个"心地好"便是崇尚"富强、民主、文明、和谐；自由、平等、公正、法治；爱国、敬业、诚信、友善"的社会主义核心价值观。

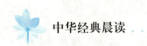

7 格言联璧(节选)

(处事类)

处难处之事愈宜宽,处难处之人愈宜厚,处至急之事愈宜缓,处至大之事愈宜平,处疑难之际愈宜无意。

……

不自反者,看不出一身病痛;不耐烦者,做不成一件事业。

日日行,不怕千万里;常常做,不怕千万事。

……

过去事,丢得一节是一节;现在事,了得一节是一节;未来事,省得一节是一节。

……

居处必先精勤,乃能闲暇;凡事务求停妥,然后逍遥。

任事者,当置身利害之外;建言者,当设身利害之中。

无事时,戒一偷字;有事时,戒一"乱"字。

……

提得起,放得下,算得到,做得完,看得破,撇得开。

救已败之事者,如驭临崖之马,休轻策一鞭;图垂成之功者,如挽上滩之舟,莫少停一棹。

以真实肝胆待人,事虽未必成功,日后人必见我之肝胆;以诈伪心肠处事,人即一时受惑,日后人必见我之心肠。

天下无不可化之人,但恐诚心未至;天下无不可为之事,只怕立志不坚。

处人不可任己意,要悉人之情;处事不可任己见,要悉事之理。

……

事到手,且莫急,便要缓缓想;想到时,切莫缓,便要急急行。

事有机缘,不先不后,刚刚凑巧;命若蹭蹬,走来走去,步步踏空。

导 读

  《格言联璧》一书集先贤警策身心之语句,垂后人之良范,条分缕析,理明情切。全书以类编次,计有"学问类""存养类""持躬类""敦品类""处事类""接物类""齐家类""从政类""惠吉类""悖凶类""摄生(附)"。各类之间,并非泾渭分明,而是有所交错,要旨皆以"修己、行仁、省躬、察物为归",曾被其跋者称为"本世事为学问",意思是说此书是从社会生活的实践入手,从人情世故中探索正确适用的生存之道,对人们入世、出世有很好的借鉴价值和指导意义,因此实用性很强。全书语言准确朴实,含义明晰深沉,极少用典,可称为雅俗共赏的醒世恒言,令人回味无穷。

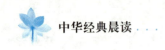

8 出师表

诸葛亮

先帝①创业②未半而中道③崩殂④,今⑤天下三分⑥,益州疲弊⑦,此诚危急存亡之秋⑧也。然侍卫之臣不懈于内⑨,忠志之士忘身⑩于外者,盖追先帝之殊遇⑪,欲报之于陛下也。诚宜⑫开张圣听⑬,以光先帝遗德⑭,恢弘志士之气⑮,不宜妄自菲薄⑯,引喻失义⑰,以塞忠谏⑱之路也。

宫中府中⑲,俱⑳为一体,陟罚臧否㉑,不宜异同。若有作奸犯科㉒及为㉓忠善者,宜付有司㉔论其刑㉕赏,以昭陛下平明之理㉖,不宜偏私㉗,使内外异法㉘也。

侍中、侍郎郭攸之、费祎、董允等,此皆良实,志虑忠纯㉙,是以先帝简拔以遗㉚陛下。愚以为宫中之事,事无大小,悉以咨之㉛,然后施行,必能裨补阙漏㉜,有所广益㉝。

将军向宠,性行淑均㉞,晓畅㉟军事,试用㊱于昔日,先帝称之曰能,是以众议举宠为督㊲。愚以为营㊳中之事,悉以咨之,必能使行阵㊴和睦,优劣得所㊵。

亲贤臣,远小人㊶,此先汉所以兴隆也;亲小人,远贤臣,此后汉所以倾颓㊷也。先帝在时,每与臣论此事,未尝不叹息痛恨㊸于桓、灵也。侍中、尚书、长史、参军,此悉贞良死节㊹之臣,愿陛下亲之信之,则汉室之隆㊺,可计日㊻而待也。

臣本布衣㊼,躬耕㊽于南阳㊾,苟全㊿性命于乱世,不求闻达㉕㉑于诸侯。先帝不以臣卑鄙㉕㉒,猥自枉屈㉕㉓,三顾㉕㉔臣于草庐之中,咨臣以当世之事,由是感激㉕㉕,遂许先帝以驱驰㉕㉖。后值倾覆,受任于败军之际,奉命于危难之间,尔来二十有㉕㉗一年矣。

先帝知臣谨慎,故临崩寄臣以大事㉕㉘也。受命以来,夙夜忧叹㉕㉙,恐托付不效,以伤先帝之明,故五月渡泸㉖⓪,深入不毛㉖①。今南方已定,兵甲㉖②已足,当奖率⑬三军,北定中原,庶竭驽钝㊺,攘除奸凶㊻,兴复汉室,还于旧都㊼。此臣所以报先帝而忠陛下之职分也㊽。至于斟酌损益㊾,进尽忠言,则攸之、祎、允之任也。

愿陛下托臣以讨贼兴复之效㊿;不效,则治臣之罪,以告先帝之灵。若无兴德之言,则责攸之、祎、允等之慢,以彰其咎。陛下亦宜自谋,以咨诹善道,察纳雅言,深追先帝遗诏。臣不胜受恩感激。今当远离,临表涕零,不知所言。

【注释】

①先帝:指三国蜀汉昭烈帝刘备。先,尊称死去的人。
②创:开创,创立。业:统一天下的大业。
③中道:中途。
④崩殂(cú):死。崩,古时指皇帝死亡。殂,死亡。
⑤今:现在。
⑥三分:天下分为孙权、曹操、刘备三大势力。
⑦益州疲弊(pí bì):益州弱,处境艰难。益州,汉代行政区域,这里指蜀汉。疲弊,人力、物力缺乏,民生凋敝。
⑧此:这。诚:的确,实在。之:的。秋:时候,这里指关键时期,一般多指不好的。
⑨然:然而。侍:侍奉。卫:护卫。懈:松懈,懈怠。于:在。内:皇宫中。
⑩忘身:舍生忘死,奋不顾身。
⑪盖:连词,表示原因。追:追念。殊遇:优待,厚遇。
⑫诚:的确,确实。宜:应该。
⑬开张圣听:扩大圣明的听闻,这里的意思是要后主广泛地听取别人的意见。开张,扩大。
⑭光:发扬光大,用作动词。遗德:留下的美德。
⑮恢弘:发扬扩大,用作动词,也作"恢宏"。气:志气。
⑯妄自菲薄:过于看轻自己。妄,过分。菲薄,小看,轻视。
⑰引喻失义:讲话不恰当。
⑱以:以致(与"以伤先帝之明"的"以"用法相同:以致)。塞:阻塞。谏:劝谏。
⑲宫:指皇宫。府:指丞相府。
⑳俱:通"具",全,都。
㉑陟(zhì):提升,奖励。罚:惩罚。臧否(pǐ):赞扬和批评。
㉒作奸犯科:做奸邪事情,触犯科条法令。作奸,做了奸邪的事情。科,科条,法令。
㉓及:以及。为:做。
㉔有司:职有专司,就是专门管理某种事情的官吏。
㉕刑:罚。

㉖昭:显示,表明。平:公平。明:严明。理:治理。

㉗偏私:偏袒,有私心。

㉘内外异法:宫内和外府赏罚标准不同。

㉙志:志向。虑:思想,心思。忠纯:忠诚纯正。

㉚简:选择;一说通"拣",挑选。拔:选拔。遗(wèi):给予。

㉛悉以咨之:都拿来跟他们商量。悉,全部。咨,询问,商议,征求意见。

㉜必能裨(bì)补阙(quē)漏:一定能够弥补缺点和疏漏之处;裨,补。阙,通"缺",缺点,疏漏。

㉝有所广益:有所启发和帮助。广益,增益。益,好处。

㉞性行(xíng)淑均:性情善良,品德端正。淑,善。均,平。

㉟晓畅:精通。

㊱试用:任用。

㊲督:武官名,向宠曾为中部督(禁卫军统帅)。

㊳营:军营、军队。

㊴行(háng)阵:指部队。

㊵优劣得所:好的差的各得其所。

㊶小人:卑劣之徒。

㊷倾颓:倾覆衰败。

㊸痛恨:痛惜,遗憾。

㊹死节:为国而死的气节。

㊺隆:兴盛。

㊻计日:计算着天数,指时日不远。

㊼布衣:平民,百姓。

㊽躬:亲自。耕:耕种。

㊾南阳:东汉郡名,今河南省南阳市和湖北省北部一带。

㊿苟:苟且。全:保全。

(51)闻达:显达扬名,扬名显贵。

(52)卑鄙:地位、身份低微,见识短浅。卑,身份低微。鄙,地处偏远,与现代的含义不同。

(53)猥(wěi):自谦语,使动用法,使自己地位卑下。枉屈:屈尊就卑。

(54)顾:探望。

(55)感激:有所感而情绪激动。

(56)许:答应。驱驰:奔走效劳。

(57)有:通"又",跟在数词后面表示约数。

(58)临崩寄臣以大事:刘备在临终前,把国家大事托付给诸葛亮,并且对刘禅说:"汝与丞相从事,事之如父。"临,将要,临近。

(59)夙夜忧叹:早晚忧虑叹息。

(60)泸:水名,指今雅砻江下游和金沙江汇合雅砻江以后的一段。

(61)不毛:不长庄稼,这里指贫瘠,未开垦的地方。毛,庄稼,苗。

(62)兵:武器。甲:装备。

(63)奖率:奖赏率领。

㉔庶:希望。竭:竭尽。驽(nú)钝:比喻才能平庸,这是诸葛亮自谦的话。驽,劣马,走不快的马,指才能低劣。钝,刀刃不锋利。
㉕攘(rǎng)除:排除,铲除。奸凶:奸邪凶恶之人,此指曹魏政权。
㉖还:回。于:到。旧都:指东汉都城洛阳。
㉗此臣所以报先帝而忠陛下之职分也:这是我报答先帝、效忠陛下的职责本分。
㉘斟酌损益:酌情酌理,比喻做事要掌握分寸。损,损害。益,益处。
㉙托臣以讨贼兴复之效:把讨伐曹魏、复兴汉室的任务交付给我。托,托付,交付。
㉚不效,则治臣之罪:没有成效就治我的罪。
㉛告:告慰,祭告。
㉜慢:怠慢,疏忽,指不尽职。
㉝彰其咎:揭示他们的过失。彰,显扬。咎,过失,罪。
㉞咨诹(zōu)善道:询问(治国的)良策。诹,询问,咨询。
㉟察纳:考察采纳。察,明察。雅言:正确的言论,正言,合理的意见。
㊱深追:深刻追念。
㊲当:在……时候。
㊳临:面对。涕:眼泪。零:落下。

导 读

《出师表》以恳切的言辞,针对当时的局势,反复劝勉刘禅要继承先主刘备的遗志,开张圣听,赏罚严明,亲贤远佞,以完成"兴复汉室"的大业,表现了诸葛亮"北定中原"的坚强意志和对蜀汉忠贞不贰的品格。文章上半部分分析当时不容懈怠的政治形势,阐述开张圣听、内外同法、亲信贤良的必要性和迫切性,希望后主励精图治,迅速改变龟缩于西南一隅的被动局面;下半部分,回顾自己的一生经历,缅怀先帝"三顾茅庐"的知遇之恩,表明希望北伐成功的雄心壮志。

此文是奏章,诸葛亮出师伐魏前,向刘禅陈述意见,提出修明政治的主张,因此全文以议论为主。前半部分重在晓之以理,后半部分重在动之以情,总的是以议论为主,融以叙事和抒情。作者析理透辟,全篇文字真情充溢,感人至深。文章最显著的语言特点是率直质朴,表现恳切忠贞的感情。特别指出,诸葛亮"报先帝""忠陛下"思想贯穿全文,处处不忘先帝"遗德""遗诏",处处为后主着想,期望他成就先帝未竟的"兴复汉室"大业。文章多以四字句行文,还有一些整齐工稳的排比对偶句式。

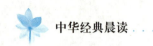

9 兰亭集序

王羲之

永和[①]九年，岁在癸丑，暮春之初，会于会稽山阴[②]之兰亭，修禊事也[③]。群贤[④]毕至[⑤]，少长咸[⑥]集。此地有崇山峻岭，茂林修竹[⑦]，又有清流激湍[⑧]，映带左右[⑨]，引以为流觞曲水[⑩]，列坐其次[⑪]。虽无丝竹管弦之盛[⑫]，一觞一咏[⑬]，亦足以畅叙幽情[⑭]。

是日也[⑮]，天朗气清，惠风和畅。仰观宇宙之大，俯察品类之盛[⑯]，所以游目骋[⑰]怀，足以极视听之娱，信[⑱]可乐也。

夫人之相与，俯仰一世[⑲]。或取诸[⑳]怀抱，悟言[㉑]一室之内；或因寄所托，放浪形骸之外[㉒]。虽趣舍万殊[㉓]，静躁[㉔]不同，当其欣于所遇，暂[㉕]得于己，快然自足[㉖]，不知老之将至[㉗]；及其所之既倦[㉘]，情随事迁[㉙]，感慨系之[㉚]矣。向[㉛]之所欣，俯仰之间，已为陈迹[㉜]，犹不能不以之兴怀[㉝]，况修短随化[㉞]，终期[㉟]于尽！古人云："死生亦大矣[㊱]。"岂不痛哉！

每览昔人兴感之由，若合一契[㊲]，未尝不临文嗟悼，不能喻之于怀[㊳]。固知一死生为虚诞，齐彭殇为妄作[㊴]。后之视今，亦犹今之视昔，悲夫！故列叙时人[㊵]，录其所述，虽世殊事异，所以兴怀，其致一也[㊶]。后之览者，亦将有感于斯文。

【注释】

①永和：东晋皇帝司马聃（晋穆帝）的年号，从公元345—356年共12年。永和九年上巳节，王羲之与谢安、孙绰等41人，举行禊礼，饮酒赋诗，事后将作品结为集子，由王羲之写了这篇序，总述其事。

②会：集会。会（kuài）稽（jī）：郡名，今浙江省绍兴市一带。山阴：当时的县名，今绍兴市。

③修禊（xì）事也：古代习俗，于农历三月上旬的巳日（魏以后定为三月三日），人们群聚于水滨，嬉戏洗濯，以祓除不祥和求福。这实际上是古人的一种游春活动。

④群贤：诸多贤士能人，指谢安等社会名流。

⑤毕至：全到。毕，全、都。

⑥少:如王羲之的儿子王凝之、王徽之。长:谢安、王羲之等。咸:都。
⑦修竹:高高的竹子。修,高高的样子。
⑧激湍:流势很急的水。
⑨映带左右:环绕在亭子的周围。映带,映衬、围绕。
⑩流觞(shāng)曲(qū)水:酒杯盛酒,放入弯曲的水道中,任其漂流,杯停在某人面前,某人就取杯饮酒。这是古人一种劝酒取乐的方式。流,使动用法。曲水,引水环曲为渠,以流酒杯。
⑪列坐其次:列坐在曲水之旁。列坐,排列而坐。次,旁边,水边。
⑫丝竹管弦之盛:演奏音乐的盛况。盛,盛大。
⑬一觞一咏:喝酒,作诗。
⑭幽情:深远高雅的情思。
⑮是日也:这一天。
⑯品类之盛:万物的繁多。品类,指自然界的万物。
⑰所以:用来。骋:开畅、舒展。
⑱信:实在。
⑲夫人之相与,俯仰一世:人与人相交往,很快便度过一生。夫,句首发语词。相与,相处、相交往。俯仰,比喻时间的短暂。
⑳取诸:取之于,从……中取得。
㉑悟言:面对面交谈。
㉒因寄所托,放浪形骸之外:就着自己所爱好的事物,寄托自己的情怀,不受约束,放纵无羁地生活。因,依、随着。寄,寄托。所托,所爱好的事物。放浪,放纵、无拘束。形骸,身体、形体。
㉓趣(qǔ)舍万殊:各有各的爱好。趣舍,即取舍,爱好。趣,通"取"。万殊,千差万别。
㉔静躁:安静与躁动。
㉕暂:短暂,一时。
㉖快然自足:感到高兴和满足。然,……的样子。
㉗不知老之将至:(竟)不知道衰老将要来。语出《论语·述而篇》:"其为人也,发愤忘食,乐以忘忧,不知老之将至云尔。"
㉘所之既倦:(对于)所喜爱或得到的事物已经厌倦。之,往,到达。
㉙情随事迁:感情随着事物的变化而变化。迁,变化。
㉚感慨系之:感慨随着产生。系,附着。
㉛向:过去、以前。
㉜陈迹:旧迹。
㉝以之兴怀:因它而引发心中的感触。以,因。之,指"向之所欣……已为陈迹"。兴,发生、引起。
㉞修短随化:寿命长短,听凭造化。化,指自然。
㉟期:至,及。
㊱死生亦大矣:死生是一件大事啊。语出《庄子·德充符》。
㊲契:符契,古代的一种信物。在符契上刻上字,剖而为二,各执一半,作为凭证。
㊳临文嗟(jiē)悼:读古人文章时叹息哀伤。临,面对。喻:明白。

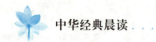

㊴固知一死生为虚诞,齐彭殇为妄作:把死和生等同起来的说法是不真实的,把长寿和短命等同起来的说法是妄造的。固,本来、当然。一,把……看作一样;齐,把……看作相等,都用作动词。虚诞,虚妄荒诞的话。殇,未成年死去的人。妄作,妄造、胡说。一生死,齐彭殇,都是庄子的看法。

㊵列叙时人:一个一个记下当时与会的人。

㊶其致一也:人们的思想情趣是一样的。致,意志,情趣。

《兰亭集序》又名《兰亭宴集序》《兰亭序》《临河序》。文章描绘了兰亭周围山水之美和聚会的欢乐之情,抒发了作者盛事不常、"修短随化,终期于尽"的感叹。作者时喜时悲,喜极而悲,文章也随其感情的变化由平静而激荡,再由激荡而平静,极尽波澜起伏、抑扬顿挫之美,《兰亭集序》也因此成为名篇佳作。文章第一段记叙兰亭聚会盛况,并写出与会者的深切感受。第三段阐明作者对人生的看法,感慨人生短暂,盛事不常,紧承上文的"乐"字,引发出种种感慨。最后一段交待写序的目的,引起后人的感怀。文字收束直截了当,阐发的情思却绵绵不绝。语言疏朗简净而韵味深长,突出地表现了王羲之的散文风格,且其造语玲珑剔透、朗朗上口,是古代骈文的精品。

10 陋室①铭②

刘禹锡

山不在③高,有仙则名④。水不在深,有龙则灵⑤。斯是陋室⑥,惟吾德馨⑦。苔痕上阶绿,草色入帘青⑧。谈笑有鸿儒⑨,往来无白丁⑩。可以调素琴⑪,阅金经⑫。无丝竹⑬之⑭乱耳⑮,无案牍⑯之劳形⑰。南阳诸葛庐,西蜀子云亭⑱。孔子云⑲:何陋之有⑳?

【注释】

①陋室:简陋的屋子。
②铭:古代刻在器物上用来警戒自己或称述功德的文字,后来就成为一种文体。这种文体一般都是用骈句,句式较为整齐,朗朗上口。
③在:在于。
④名:出名,著名,名词用作动词。
⑤灵:神奇,灵异。
⑥斯是陋室:这是简陋的屋子。斯,指示代词,此,这。是,表肯定的判断动词。
⑦惟吾德馨(xīn):只因为我(住屋的人)品德好就不感到简陋了。惟,只。吾,我。馨,散布很远的香气,这里指品德高尚。《尚书·周书·君陈》载:"黍稷非馨,明德惟馨尔。"
⑧苔痕上阶绿,草色入帘青:苔痕碧绿,长到阶上;草色青葱,映入帘里。上,长到。入,映入。
⑨鸿儒:大儒,这里指博学的人。鸿,通"洪",大。儒,旧指读书人。
⑩白丁:平民,这里指没有什么学问的人。
⑪调(tiáo)素琴:弹奏不加装饰的琴。调,调弄,这里指弹(琴)。素琴,不加装饰的琴。
⑫金经:现今学术界仍存在争议,有学者认为是指佛经(《金刚经》),也有人认为是儒家经典。金,珍贵的。
⑬丝竹:琴瑟、箫管等乐器的总称,这里指奏乐的声音。丝指弦乐器,竹指管乐器。
⑭之:语气助词。用在主谓间,取消句子的独立性。
⑮乱耳:扰乱双耳。乱,形容词的使动用法,使……乱,扰乱。
⑯案牍(dú):官府的公文,文书。
⑰劳形:使身体劳累。劳,形容词的使动用法,使……劳累。形,形体、身体。

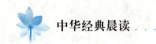

⑱南阳诸葛庐,西蜀子云亭:南阳有诸葛亮的草庐,西蜀有扬子云的亭子。南阳,地名,诸葛亮在出山之前,曾在南阳卧龙岗中隐居躬耕。诸葛亮,字孔明,三国时蜀汉丞相。子云,即扬雄,西汉文学家,蜀郡成都人。

⑲孔子云:孔子说。云在文言文中一般都指"说"。《论语·子罕篇》载:"君子居之,何陋之有!"作者在此去掉"君子居之",体现他谦虚的品格。

⑳何陋之有:即"有何之陋",属于宾语前置。之,助词,表示强烈的反问,宾语前置的标志。

《陋室铭》是一篇托物言志的铭文,刘禹锡作于和州(今安徽省和县)任上(824—826)。文章表现了作者不与世俗同流合污,洁身自好、不慕名利的生活态度,表达了作者高洁傲岸的情操,流露出作者安贫乐道的隐逸情趣。它单纯、简练、清新,像一首精粹的诗,充满了哲理和情韵。全文想象广阔,蕴含深厚,有咫尺藏万里之势。文章巧妙地运用了比兴手法和多种表达方式,有叙述、描写,有抒情、议论。在语言表达上,多用四字句、五字句,有对偶句,有排比句,只有最后一句是散文句式,句式整齐而又富于变化,文字精练而又清丽,音调和谐,音节铿锵。

11 爱莲说

周敦颐

水陆草木之花,可①爱者甚蕃②。晋陶渊明独爱菊③。自李唐来,世人甚爱牡丹④。予⑤独爱莲之⑥出淤泥⑦而不染⑧,濯⑨清涟⑩而不妖⑪,中通外直⑫,不蔓不枝⑬,香远益清⑭,亭亭净植⑮,可⑯远观而不可亵⑰玩焉。

予谓⑱菊,花之隐逸者⑲也;牡丹,花之富贵者也;莲,花之君子⑳者也。噫㉑!菊之爱㉒,陶后鲜㉓有闻㉔。莲之爱,同予者何人㉕?牡丹之爱,宜乎众矣㉖。

【注释】

①可:值得。

②蕃:多。

③晋陶渊明独爱菊:晋朝陶渊明只喜爱菊花。陶渊明(365—427),一名潜,字元亮,自称五柳先生,世称靖节先生,东晋浔阳柴桑(今江西省九江市)人,东晋著名诗人,著名的隐士。他喜爱菊花,常在诗里咏菊,如《饮酒》诗里的"采菊东篱下,悠然见南山",向来称为名句。独,只,唯独。

④自李唐来,世人甚爱牡丹:从唐朝以来,人们很爱牡丹。唐人爱牡丹,古书里有不少记载,如唐朝李肇的《唐国史补》里说:"京城贵游,尚牡丹……每春暮,车马若狂……种以求利,一本有直数万者。"自,(自)从。李唐,指唐朝。唐朝的皇帝姓李,所以称为"李唐"。世人,社会上的一般人。甚,很,十分。

⑤予(yú):我。

⑥之:助词,用于主谓之间,表示"的"的意思。

⑦淤泥:河沟或池塘里积存的污泥。

⑧染:沾染(污秽)。

⑨濯(zhuó):洗涤。

⑩清涟(lián):水清而有微波,这里指清水。

⑪妖:妖艳。美丽而不端庄。

⑫中通外直:(它的茎)内空外直。通,空。直,挺立。

⑬不蔓(màn)不枝:不生枝蔓,不长枝节。蔓,名词用作动词,生枝蔓。枝,名词用作动词,长枝节。

⑭香远益清:香气远播,更加显得清芬。远,遥远,空间距离大。益,更,更加。
⑮亭亭净植:笔直地洁净地立在那里。亭亭,耸立的样子。
⑯可:可以。
⑰亵(xiè):亲近而不庄重。
⑱谓:认为。
⑲隐逸者:隐居的人。在封建社会里,有些人不愿意跟统治者同流合污,就隐居避世。
⑳君子:指品德高尚的人。
㉑噫:感叹词。
㉒菊之爱:对于菊花的喜爱。之,的。一说为"宾语前置的标志"。下文"莲之爱""牡丹之爱"用法相同。
㉓鲜(xiǎn):少。
㉔闻:听说。
㉕同予者何人:像我一样(喜爱莲花的)还有什么人呢?
㉖宜乎众矣:(喜爱牡丹的)人应该是很多了。宜,应当。

"说",古代文体之一,往往借描绘事物以抒情言志,《爱莲说》正是这种托物言志文体中的一篇不可多得的传世佳作。

周敦颐(1017—1073),字茂叔,北宋道州营道(今湖南省道县)人,北宋理学家,著有《太极图说》《通书》及《周元公集》。

这篇文章可分为两部分:第一部分对莲花高洁的形象极尽铺排描绘之能事;第二部分则分评三花,并以莲自况,抒发了作者内心深沉的慨叹。周敦颐是高傲的,他那种不从众只求纯净的心态,在碌碌尘世中是难能可贵的。他的感叹是因为世风日下,大多数人皆被世事沾染。通过对莲花的爱慕与礼赞,他表明自己对美好理想的憧憬,对高尚情操的崇奉,对庸劣世态的憎恶。文章以浓墨重彩描绘了莲的气度、莲的风骨,寄予了作者对理想人格的肯定和追求,对贪图富贵、追名逐利的鄙弃。同时,文章还运用了对比、反衬的手法,使"爱莲"主题得以加深。通过三种形象的对比,起到了突出中心、加深立意的作用。文章以一个"爱"字贯穿全文,使得结构严谨。

12 读书有三到(节选)

朱熹

凡读书,须要读得字字响亮,不可误①一字,不可少一字,不可多一字,不可倒②一字,不可牵强暗记③,只是要多诵数遍,自然上口,久远不忘。古人云:"读书百遍,其义自见④。"谓读得熟,则不待解说,自晓其义也。余尝谓⑤,读书有三到,谓心到,眼到,口到。心不在此,则眼不看仔细,心眼既不专一,却只漫浪⑥诵读,决不能记,记亦不能久也。三到之中,心到最急⑦。心既到矣⑧,眼口岂不到乎?⑨

【注释】

①误:错。

②倒:颠倒。

③牵强暗记:勉强默背大意。

④见:通"现",表露出来。

⑤余尝谓:我曾经说过。谓,说。

⑥漫浪:随随便便,漫不经心。

⑦急:重要,要紧。

⑧矣:相当于"了"。

⑨岂:难道。乎:吗,语气词。

朱熹(1130—1200),字元晦,一字仲晦,号晦庵,晚称晦翁,又称紫阳先生、考亭先生、云谷老人、逆翁。谥文,又称朱文公。祖籍南宋江南东路徽州府婺源县(今江西省婺源县),出生于南剑州尤溪(今福建省三明市)。南宋著名的理学家、思想家、哲学家、教育家、诗人、闽学派的代表人物,世称朱子,是孔子、孟子以来最杰出的弘扬儒学的大师之一。该文强调了读书的基本要领"三到":一是"眼到",个个字要认得;二是"口到",能滚瓜烂熟地背诵文章;三是"心到",要懂得每一句每一字的意思。"心到"最为重要,在"三到"中起着决定性的作用。

13 春望

杜甫

国破①山河在,城春草木深②。
感时花溅泪③,恨别④鸟惊心。
烽火⑤连三月,家书抵万金。
白头搔⑥更短,浑欲不胜簪⑦。

【注释】

①国:国都,指长安(今陕西省西安市)。破:陷落。
②城:长安城。草木深:指人烟稀少。
③感时:为国家的时局而感伤。溅泪:流泪。
④恨别:怅恨离别。
⑤烽火:古时边防报警的烟火,这里指安史之乱的战火。
⑥白头:这里指白头发。搔:用手指轻轻抓。
⑦浑:简直。欲:想,要,就要。不胜:受不住,不能。簪:一种束发的首饰。古代男子蓄长发,成年后束发于头顶,用簪子横插住,以免散开。

导读

唐玄宗天宝十四年(755)十一月,安禄山起兵叛唐。次年六月,叛军攻陷潼关,唐玄宗匆忙逃往四川。七月,太子李亨于灵武(今宁夏回族自治区灵武市)继位,是为唐肃宗,改元至德。杜甫闻讯,即将家属安顿在鄜州(今属四川省),只身一人投奔肃宗朝廷,不幸在途中被叛军俘获,解送至长安,后因官职卑微未被囚禁。唐肃宗至德二年(757)春,身处沦陷区的杜甫目睹了长安城一片萧条零落的景象,百感交集,便写下了这首传诵千古的名作。

全篇情景交融,感情深沉,而又含蓄凝练,言简意赅,充分体现了杜甫诗歌"沉郁顿挫"的艺术风格。这首诗结构紧凑,围绕"望"字展开,前四句借景抒情,情景结合,开篇描绘国都萧索的景色,眼观春花而泪流,耳闻鸟鸣而怨恨;再写战事持续很久,以致家里音信全无,最后写到自己的哀怨和衰老,环环紧扣、层层递进,达到了一个能够引发人们共鸣、深思的境界。本诗表现了在典型的时代背景下的典型感受,反映了人们热爱国家、期待和平的美好愿望,也表达了诗人的忧国忧民、感时伤怀。

14 和董传①留别

苏轼

粗缯大布裹生涯②,腹有诗书气自华③。
厌伴老儒烹瓠叶④,强随举子踏槐花⑤。
囊空不办寻春马⑥,眼乱行看择婿车⑦。
得意犹堪夸世俗⑧,诏黄新湿字如鸦⑨。

【注释】

①董传:字至和,洛阳(今河南省洛阳市)人,曾在凤翔与苏轼交游。

②粗缯(cū zēng):粗制的丝织品。大布:古指麻或棉制成的粗布,引自《左传·闵公二年》:"卫文公大布之衣,大帛之冠。"裹:经历。生涯:人生的境遇过程,《庄子·内篇·养生主》载:"吾生也有涯,而知也无涯。"

③腹有:胸有。诗书:原指《诗经》和《尚书》,此泛指书籍。气:表于外的精神气色。华:丰盈而实美。

④老儒:旧谓年老的学人,引自唐朝诗人牟融《寄周韶州》诗:"十年学道困穷庐,空有长才重老儒。"瓠叶:瓠子的叶子。

⑤举子:指被推荐参加考试的读书人。槐花:豆科槐属植物的干燥花及花蕾。夏季花开放或花蕾形成时采收,及时干燥,除去枝、梗及杂质。前者习称"槐花",后者习称"槐米"。踏槐花:唐代有"槐花黄,举子忙"俗语,槐花落时,也就是举子应试的时间了,后称参加科举考试为"踏槐花"。

⑥寻春马:孟郊《登科后》载,"昔日龌龊不足夸,今朝放荡思无涯。春风得意马蹄疾,一日看尽长安花。"

⑦择婿车:此指官贾家之千金所坐马车,游街以示择佳婿。唐代进士放榜,按照惯例会在曲江亭设宴。其日,公卿家倾城纵观,高车宝马,于此选取佳婿。

⑧得意:即"春风得意",意谓黄榜得中。出自《闻夫杜羔登第》诗:"良人得意正年少,今夜醉眠何处楼。"世俗:社会上流传的风俗习惯。

⑨诏黄:即诏书,诏书用黄纸书写。鸦:诏书上写的黑字。

《和董传留别》这首诗是苏轼由凤翔府回赴汴京(今河南省开封市),途经长安时,与朋友董传相聚,临别留赠董传。诗歌首联写董传粗丝绑发,粗布披身。"裹生涯"词语搭配新颖巧妙。本应是"生涯裹粗缯大布",但词序一颠倒,变成"粗缯大布裹生涯",就有了画面感,而且表示这种生活已是常态。这两句诗赞扬董传虽然贫穷,但勤于读书,因此精神气质非同常人。颔联是说董传的志向,不甘心过贫苦的日子,希望通过科举出人头地。颈联是说,董传虽不能像孟郊那样骑马看花,但却有机会高中,被那"择婿车"包围。这两句诗是苏轼鼓励董传的话。尾联承接上两句,继续鼓励董传,希望董传有朝一日能够金榜题名,扬眉吐气。这首诗的特点是巧于用典,蕴藉含蓄。其中"腹有诗书气自华"是至今让人传诵于口的名句。"诗书"在这里泛指书籍;"气"指气质风度;"华"指有光彩,与众不同。脱开诗中赞扬董传的语境,单独来看,"腹有诗书气自华"的意思就是:那些勤于读书的人的身上总会自然流露出一种儒雅之气,使他们看起来与众不同。正因为它概括出了读书人当中普遍存在的一种现象,所以成为有关读书学习的诗词名句,被广泛引用。

15 七律·长征

毛泽东

红军不怕远征难,万水千山只等闲。
五岭逶迤腾细浪,乌蒙磅礴走泥丸。
金沙水拍云崖暖,大渡桥横铁索寒。
更喜岷山千里雪,三军过后尽开颜。

导读

  1935年10月,毛泽东率领红军越过岷山,长征即将结束,曙光在前,胜利在望,心潮澎湃的毛泽东满怀豪情地写下了这首壮丽的诗篇。红军进入甘肃以后,形势逐渐明朗。在甘肃境内召开了三次重要会议,最终确定了长征的落脚点。从长征开始以来,毛泽东始终为革命前途担忧,直到决定落脚陕甘革命根据地,才长舒了一口气。此时,他激动的心情与强烈的自豪感化为一股巨大的创作热情喷泻而出。诗人把两万五千里的万水千山串在一起,回顾了红军长征的历程,歌颂了伟大的长征壮举。这既是长征的史诗,也是崇高的精神赞歌。

  《七律·长征》是一篇气势磅礴的革命史诗,仅用56个字,便高度概括了长征路上的各种艰难险阻。通过生动典型的事例,热情洋溢地赞扬了红军不畏艰难、英勇顽强的革命英雄主义和乐观主义精神。再大的困难,再艰难的险阻,只要勇往直前,一定能到达胜利的彼岸。

  全诗首尾照应,在结构上十分完美,为我们展示了五幅"征难图"。腾跃五岭、疾跨乌蒙、巧渡金沙江、飞夺泸定桥、喜踏岷山雪,它是诗人那巨人般的眼光、伟大的襟怀、奇特的想象,以及英雄的胆略和气魄的自然流露。长征路途艰难困苦,长征诗词雄浑壮美。红军长征不仅创造了可歌可泣的战争史诗,而且铸就了豪情万丈的精神史诗,铸就了伟大的长征精神。它必将激励一代又一代的中华儿女,在新的伟大的征途上意气风发、阔步前进!

16　满江红①·写怀

岳飞

怒发冲冠②，凭栏③处、潇潇④雨歇。抬望眼、仰天长啸⑤，壮怀⑥激烈。三十功名尘与土⑦，八千里路云和月⑧。莫等闲⑨，白了少年头，空悲切⑩！

靖康耻⑪，犹未雪。臣子恨，何时灭！驾长车，踏破贺兰山⑫缺。壮志饥餐胡虏肉，笑谈渴饮匈奴⑬血。待从头、收拾旧山河，朝天阙⑭。

【注释】

①满江红：词牌名，又名"上江虹""念良游""伤春曲"等。双调九十三字。
②怒发(fà)冲冠：气得头发竖起，将帽子顶起。形容愤怒至极。
③凭栏：身倚栏杆。
④潇潇：形容雨势急骤。
⑤长啸：大声呼叫。
⑥壮怀：奋发图强的志向。
⑦"三十"句：自己已经三十岁了，得到的功名如同尘土一样微不足道。三十是约数。
⑧"八千"句：形容南征北战、路途遥远、披星戴月。八千，是约数，极言沙场征战行程之远。
⑨等闲：轻易，随便。
⑩空悲切：白白痛苦。
⑪靖康耻：宋钦宗靖康二年(1127)，金兵攻陷汴京(今河南省开封市)，掳走徽、钦二帝。靖康，宋钦宗赵桓的年号。
⑫贺兰山：贺兰山脉，位于宁夏回族自治区与内蒙古自治区交界处，当时被金兵占领。一说是位于河北省邯郸市磁县境内的贺兰山。
⑬匈奴：古代北方民族之一，这里指金人。
⑭朝天阙：朝见皇帝。天阙，本指宫殿前的楼观，此指皇帝居住的地方。

导读

岳飞(1103—1142)，字鹏举，谥号武穆。相州汤阴(今河南省汤阴县)人。南宋爱国军事家,后被以"莫须有"的罪名杀害于临安风波亭。

  这是一首气壮山河、传诵千古的名篇,表现了作者大无畏的英雄气概,洋溢着爱国主义激情。绍兴六年(1136),岳飞率军从襄阳出发北上,陆续收复了洛阳附近的一些州县,逼近北宋故都汴京,大有一举收复中原、直捣金国老巢黄龙府(今吉林省农安县,金故都)之势。但此时的宋高宗一心议和,命岳飞立即班师回朝,岳飞不得已率军回到鄂州。他痛感坐失良机,在百感交集中写下了这首词。词的上阕通过凭栏眺望,抒发为国杀敌立功的豪情,下阕表达重整乾坤的壮志。此词格调悲壮激昂,语言质朴有力,气韵浑厚雄豪,读之使人荡气回肠。这首词代表了岳飞"精忠报国"的英雄之志,词里句中无不透出雄壮之气,显示了作者忧国报国的壮志胸怀。作为爱国将领的抒怀之作,《满江红·写怀》情调激昂,慷慨壮烈。

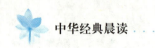

17　青玉案①·元夕②

辛弃疾

东风夜放花千树③，更吹落、星如雨④。宝马雕车⑤香满路。凤箫声动⑥，玉壶⑦光转，一夜鱼龙舞⑧。

蛾儿雪柳黄金缕⑨，笑语盈盈暗香去⑩。众里寻他千百度⑪，蓦然⑫回首，那人却在，灯火阑珊⑬处。

【注释】

①青玉案：词牌名，一说认为源于东汉张衡《四愁诗》"美人赠我锦绣段，何以报之青玉案"诗句。又名"横塘路""西湖路"，双调六十七字，上下阕各五仄韵。

②元夕：农历正月十五日为上元节、元宵节，此夜称元夕或元夜。

③"东风"句：形容元夜花灯繁多。花千树，花灯之多如千树开花。

④星如雨：指焰火纷纷，乱落如雨。星，指焰火，形容满天的烟花。

⑤宝马雕车：豪华的马车。

⑥"凤箫"句：指箫等乐器演奏。凤箫，箫的美称。

⑦玉壶：比喻明月。

⑧鱼龙舞：指舞动鱼形、龙形的彩灯，如鱼龙闹海一样。

⑨"蛾儿"句：写元夕的妇女装饰。蛾儿、雪柳、黄金缕，皆为古代妇女头上佩戴的各种装饰品。这里指盛装的妇女。

⑩盈盈：声音轻盈悦耳，亦指仪态娇美的样子。暗香：本指花香，此指女性身上散发出来的香气。

⑪他：古时第三人称不分性别，这里指女性。千百度：千百遍。

⑫蓦（mò）然：突然，猛然。

⑬阑珊：零落稀疏的样子。

这首词作于南宋淳熙元年（1174）或淳熙二年（1175）。当时，强敌压境，国势日衰，而南宋统治阶级却偏安江左,沉湎于歌舞享乐,粉饰太平。洞察形势的辛弃疾,欲补天穹,却恨无路请缨。他满腹的激情、哀伤、怨恨,交织成了这幅元夕求索图。

　　此词极力渲染元宵节观灯的盛况。上阕写元夕灯火辉煌、游人如云的热闹场面,先写灯火辉煌、歌舞腾欢,"花千树""星如雨""玉壶光转""鱼龙舞",满城张灯结彩,盛况空前。接着写游人车马彻夜游赏的欢乐景象。下阕写一位不慕荣华、甘守寂寞的美人形象。美人形象寄托着作者的理想人格。结尾借"那人"的孤高自赏,表明作者不肯同流合污的高洁品格。还有一种说法认为:站在灯火阑珊处的那个人,是对作者自己的一种写照。根据历史背景可知,当时的辛弃疾不受重用,纵然文韬武略,也无法施展,心中无比惆怅,所以只能在一旁孤芳自赏,就像站在热闹之外的那个人一样,给人一种清高、不落俗套的感觉,体现了受冷落后不肯同流合污的高士之风。"众里寻他千百度,蓦然回首,那人却在,灯火阑珊处。"王国维把这种境界称为成大事业者、大学问者的第三种境界,确是真知灼见。全词构思新颖,语言工巧,曲折含蓄,余味不尽。

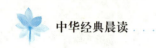

18　卜算子①·咏梅

毛泽东

读陆游咏梅词②,反其义而用之。

风雨送春归,飞雪迎春到。已是悬崖百丈冰③,犹有花枝俏④。
俏也不争春,只把春来报。待到山花烂漫⑤时,她在丛中笑⑥。

【注释】

①卜算子:词牌名,又名"卜算子令""百尺楼""眉峰碧""楚天遥"等,双调四十四字,上下阕各两仄韵。

②陆游咏梅词:指陆游的《卜算子·咏梅》。陆游作有一百多首咏梅词,《卜算子·咏梅》是其最有名的一首。

③百丈冰:形容极度寒冷。

④犹:还,依然,仍然。俏:俊俏,美好的样子。

⑤烂漫:颜色鲜明而美丽。

⑥丛中笑:百花盛开时,感到欣慰和高兴。

此词作于1961年,当时中国面临的国际、国内环境复杂。面对困难和压力,毛泽东想要表明共产党人的态度和斗志,便酝酿写一首词。他读陆游的《卜算子·咏梅》,感到文辞好,但意志消沉,只可借其形,不可用其意,于是他续写了一首与陆游的词风格不同的咏梅词,目的是鼓励大家战胜困难。这首词通过对梅花俊美而坚韧不拔形象的塑造,寄托了中华民族和中国共产党人英勇无畏、谦虚磊落、藐视各种困难的精神,激励全党和全国人民坚持马克思主义真理,坚定共产主义社会理想必然会实现的信心。

这首咏物词是运用逆向思维写作的典范,虽借用陆游的原调原题,但整首词所反映出来的意境却截然不同。毛泽东充分肯定陆游咏梅词的爱国主义主题,"反其意"主要是"反忧伤、悲观之意为积极乐观、奋发有为的革命情怀;反寂寞、无出路之意为敢于斗争、敢于胜利的战斗精神;反孤芳自赏、个人奋斗之意为同春共乐、大公无私的集体主义高贵品质"。《卜算子·咏梅》是毛泽东诗词中比兴手法用得最好的一首词。词中巧妙运用了象征、拟人、衬托、比喻、夸张、对仗等多种修辞手法,写出了梅花敢于挑战的个性和谦逊无私的高风亮节,完美地达到了托物言志的目的。

19 人的高贵在于灵魂

周国平

法国思想家帕斯卡有一句名言:"人是一枝有思想的芦苇。"他的意思是说,人的生命像芦苇一样脆弱,宇宙间任何东西都能致人于死地。可是,即使如此,人依然比宇宙间任何东西高贵得多,因为人有一颗能思想的灵魂。我们当然不能也不该否认肉身生活的必要,但是,人的高贵却在于他有灵魂生活。作为肉身的人并无高低贵贱之分。唯有作为灵魂的人,由于内心世界的巨大差异,才分出了高贵和平庸,乃至高贵和卑鄙。

两千多年前,罗马军队攻进了希腊的一座城市,他们发现一个老人正蹲在沙地上专心研究一个图形。他就是古代最著名的物理学家阿基米德。他很快便死在了罗马军人的剑下,当剑朝他劈来时,他只说了一句话:"不要踩坏我的圆!"在他看来,他画在地上的那个图形是比他的生命更加宝贵的。更早的时候,征服了欧亚大陆的亚历山大大帝视察希腊的另一座城市,遇到正躺在地上晒太阳的哲学家第欧根尼,便问他:"我能替你做些什么?"得到的回答是:"不要挡住我的阳光!"在他看来,面对他在阳光下的沉思,亚历山大大帝的赫赫战功显得无足轻重。这两则传为千古美谈的小故事表明了古希腊优秀人物对于灵魂生活的珍爱,他们爱思想胜于爱一切,包括自己的生命,把灵魂生活看得比任何外在的事物包括显赫的权势更加高贵。

珍惜内在的精神财富甚于外在的物质财富,这是古往今来一切贤哲的共同特点。英国作家王尔德到美国旅行,入境时,海关官员问他有什么东西要报关,他回答:"除了我的才华,什么也没有。"使他引以自豪的是,他没有什么值钱的东西,但他拥有不能用钱来估量的艺术才华。正是这位骄傲的作家在他的一部作品中告诉我们:"世间再没有比人的灵魂更宝贵的东西,任何东西都不能跟它相比。"

其实,无须举这些名人的事例,我们不妨稍微留心观察周围的现象。我常常发现,在平庸的背景下,哪怕是一点不起眼的灵魂生活的迹象,也会闪放出一种很动人的光彩。

有一回,我乘车旅行。列车飞驰,车厢里闹哄哄的,旅客们在聊天、打牌、吃零食。一个少女躲在车厢的一角,全神贯注地读着一本书。她读得那么专心,还不时地往随身携带的一个小本子上记些什么,好像完全没有听见周围嘈杂的人声。望着她仿佛沐浴在一片光辉中的安静的侧影,我心中充满感动,想起了自己的少年时代。那时候我也和她一样,不管置身于多么混乱的环境,只要拿起一本好书,就会忘记一切。如今我自己已经是一个作家,出过好几本书了,可是我却羡慕这个埋头读书的少女,无限缅怀已经渐渐远逝的有着同样纯正追求的我的青春岁月。

每当北京举办世界名画展览时,便有许多默默无闻的青年画家节衣缩食,自筹旅费,从全国各地风尘仆仆来到首都,在名画前流连忘返。我站在展厅里,望着这一张张热忱仰望的年轻的面孔,心中也会充满感动。我对自己说,有着纯正追求的青春岁月的确是人生最美好的岁月。

若干年过去了,我还会常常不由自主地想起列车上的那个少女和展厅里的那些青年,揣摩他们现在不知怎样了。据我观察,人在年轻时多半是富于理想的,随着年龄增长就容易变得越来越实际。由于生存斗争的压力和物质利益的诱惑,大家都把眼光和精力投向外部世界,不再关注自己的内心世界。其结果是灵魂日益萎缩和空虚,只剩下了一个在世界上忙碌不止的躯体。对于一个人来说,没有比这更可悲的事情了。我暗暗祝愿他们仍然保持着纯正的追求,没有走上这条可悲的路。

导读

周国平,当代学者,散文家。这是一篇谈人的精神追求的哲理性议论文。文章可分为四部分:第一部分(第1段)提出文章的论点——人的高贵在于灵魂;第二部分(第二、三段)列举事例证明"一切贤哲"都十分珍惜内在的精神生活;第三部分(第四至六段)以普通人为例,说明"平庸的"人也常常有着纯正的追求;第四部分(第七段)表达期望,祝愿人们保持纯正的追求。文章选取的事例典型有力,角度各有侧重,叙述突出重点,将摆事实和讲道理相结合,增强了文章的说服力。如第二段,用阿基米德和第欧根尼的例子进行论述。两个例子的角度各有侧重,一是生命将被别人夺取的时候,一是地位显赫的人物要提供帮助的时候,充分展示了贤哲们灵魂的丰富内涵。精要的议论揭示了事例蕴涵的道理:在有着丰富内在世界的伟人面前,无论是夺取生命的屠刀,还是至高无上的亚历山大大帝,都是那么无足轻重,不值一提;在有着高贵灵魂的伟人眼中,肉身和身外的一切又是那么毫无价值。

20 莫高窟

余秋雨

莫高窟对面,是三危山。《山海经》记,"舜逐三苗于三危"。可见它是华夏文明的早期屏障,早得与神话分不清界线。那场战斗怎么个打法,现在已很难想象,但浩浩荡荡的中原大军总该是来过的。当时整个地球还人迹稀少,哒哒的马蹄声显得空廓而响亮。让这么一座三危山来做莫高窟的映壁,气概之大,人力莫及,只能是造化的安排。

公元366年,一个和尚来到这里。他叫乐樽,戒行清虚,执心恬静,手持一枝锡杖,云游四野。到此已是傍晚时分,他想找个地方栖宿。正在峰头四顾,突然看到奇景:三危山金光灿烂,烈烈扬扬,像有千佛在跃动。是晚霞吗?不对,晚霞就在西边,与三危山的金光遥遥对应。

三危金光之迹,后人解释颇多,在此我不想议论。反正当时的乐樽和尚,刹那间激动万分。他怔怔地站着,眼前是腾燃的金光,背后是五彩的晚霞,他浑身被照得通红,手上的锡杖也变得水晶般透明。他怔怔地站着,天地间没有一点声息,只有光的流溢,色的笼罩。他有所憬悟,把锡杖插在地上,庄重地跪下身来,朗声发愿,从今要广为化缘,在这里筑窟造像,使它真正成为圣地。和尚发愿完毕,两方光焰俱黯,苍然暮色压着茫茫沙原。

不久,乐樽和尚的第一个石窟就开工了。他在化缘之时广为播扬自己的奇遇,远近信士也就纷纷来朝拜胜景。年长日久,新的洞窟也一一挖出来了。上自王公,下至平民,或者独筑,或者合资,把自己的信仰和祝祈,全向这座陡坡凿进。从此,这个山峦的历史,就离不开工匠斧凿的叮当声。

工匠中隐潜着许多真正的艺术家。前代艺术家的遗留,又给后代艺术家以默默的滋养。于是,这个沙漠深处的陡坡,浓浓地吸纳了无量度的才情,空灵灵又胀鼓鼓地站着,变得神秘而又安详。

从哪一个人口密集的城市到这里,都非常遥远。在可以想象的将来,还只能是这样。它因华美而矜持,它因富有而远藏。它执意要让每一个朝圣者,用长途的艰辛来换取报偿。

　　我来这里时刚过中秋,但朔风已是铺天盖地。一路上都见鼻子冻得通红的外国人在问路,他们不懂中文,只是一叠连声地喊着:"莫高!莫高!"声调圆润,如呼亲人。国内游客更是拥挤,傍晚闭馆时分,还有一批刚刚赶到的游客,在苦苦央求门卫,开方便之门。

　　我在莫高窟一连待了好几天。第一天入暮,游客都已走完了,我沿着莫高窟的山脚来回徘徊。试着想把白天观看的感受在心头整理一下,很难;只得一次次对着这堵山坡傻想,它究竟是个什么样的存在?

　　比之于埃及的金字塔,印度的山奇大塔,古罗马的斗兽场遗迹,中国的许多文化遗迹常常带有历史的层累性。别国的遗迹一般修建于一时,兴盛于一时,以后就以纯粹遗迹的方式保存着,让人瞻仰。中国的长城就不是如此,总是代代修建、代代拓伸。长城,作为一种空间的蜿蜒,竟与时间的蜿蜒紧紧对应。中国历史太长、战乱太多、苦难太深,没有哪一种纯粹的遗迹能够长久保存,除非躲在地下,躲在坟里,躲在不为常人注意的秘处。阿房宫烧了,滕王阁坍了,黄鹤楼则是新近重修。成都的都江堰所以能长久保留,是因为它始终发挥着水利功能。因此,大凡至今轰转的历史胜迹,总有生生不息、吐纳百代的独特禀赋。

　　莫高窟可以傲视异邦古迹的地方,就在于它是一千多年的层层累聚。看莫高窟,不是看死了一千年的标本,而是看活了一千年的生命。一千年而始终活着,血脉畅通、呼吸匀停,这是一种何等壮阔的生命!一代又一代艺术家前呼后拥向我们走来,每个艺术家又牵连着喧闹的背景,在这里举行着横跨千年的游行。纷杂的衣饰使我们眼花缭乱,呼呼的旌旗使我们满耳轰鸣。在别的地方,你可以蹲下身来细细玩索一块碎石、一条土埂,在这儿完全不行,你也被裹卷着,身不由己,跟跟跄跄,直到被历史的洪流消融。在这儿,一个人的感官很不够用,那干脆就丢弃自己,让无数双艺术巨手把你碎成轻尘。

　　因此,我不能不在这暮色压顶的时刻,在山脚前来回徘徊,一点点地找回自己,定一定被震撼了的惊魂。晚风起了,夹着细沙,吹得脸颊发疼。沙漠的月亮,也特别清冷。山脚前有一泓泉流,汩汩有声。抬头看看,侧耳听听,总算,我的思路稍见头绪。

白天看了些什么,还是记不大清。只记得开头看到的是青褐浑厚的色流,那应该是北魏的遗存。色泽浓沉着得如同立体,笔触奔放豪迈得如同剑戟。那个年代战事频繁,驰骋沙场的又多北方骠壮之士,强悍与苦难汇合,流泻到了石窟的洞壁。当工匠们正在这洞窟描绘的时候,南方的陶渊明,在残破的家园里喝着闷酒。陶渊明喝的不知是什么酒,这里流荡着的无疑是烈酒,没有什么芬芳的香味,只是一派力、一股劲,能让人疯了一般,拔剑而起。这里有点冷、有点野,甚至有点残忍。

色流开始畅快柔美了,那一定是到了隋文帝统一中国之后。衣服和图案都变得华丽,有了香气,有了暖意,有了笑声。这是自然的,隋炀帝正乐呵呵地坐在御船中南下,新竣的运河碧波荡漾,通向扬州名贵的奇花。隋炀帝太凶狠,工匠们不会去追随他的笑声,但他们已经变得大气、精细,处处预示着,他们手下将会奔泻出一些更惊人的东西。

色流猛地一下涡旋卷涌,当然是到了唐代。人世间能有的色彩都喷射出来,但又喷得一点儿也不野,舒舒展展地纳入细密流利的线条,幻化为壮丽无比的交响乐章。这里不再仅仅是初春的气温,而已是春风浩荡,万物苏醒,人们的每一缕筋肉都想跳腾。这里连禽鸟都在歌舞,连繁花都裹卷成图案,为这个天地欢呼。这里的雕塑都有脉搏和呼吸,挂着千年不枯的吟笑和娇嗔。这里的每一个场面,都非双眼能够看尽,而每一个角落,都够你流连长久。这里没有重复,真正的欢乐从不重复。这里不存在刻板,刻板容不下真正的人性。这里什么也没有,只有人的生命在蒸腾。一到别的洞窟还能思忖片刻,而这里,一进入就让你燥热,让你失态,让你只想双足腾空。不管它画的是什么内容,一看就让你在心底惊呼,这才是人,这才是生命。人世间最有吸引力的,莫过于一群活得很自在的人发出的生命信号。这种信号是磁,是蜜,是涡卷方圆的魔井。没有一个人能够摆脱这种涡卷,没有一个人能够面对着它们而保持平静。唐代就该这样,这样才算唐代。我们的民族,总算拥有这么一个朝代,总算有过这么一个时刻,驾驭如此瑰丽的色流,而竟能指挥若定。

色流更趋精细,这应是五代。唐代的雄风余威未息,只是由炽热走向温煦,由狂放渐趋沉着。头顶的蓝天好像小了一点,野外的清风也不再鼓荡胸襟;终于有点灰暗了,舞蹈者仰首看到变化了的天色,舞姿也开始变

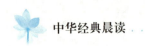

得拘谨。仍然不乏雅丽，仍然时见妙笔，但欢快的整体气氛，已难于找寻。洞窟外面，辛弃疾、陆游仍在握剑长歌，美妙的音色已显得孤单，苏东坡则以绝世天才，与陶渊明呼应。大宋的国土，被下坡的颓势，被理学的层云，被重重的僵持，遮得有点阴沉。

色流中很难再找到红色了，那该是到了元代。

……

这些朦胧的印象，稍一梳理，已颇觉劳累，像是赶了一次长途的旅人。据说，把莫高窟的壁画连起来，整整长达六十华里。我只不信，六十华里的路途对我轻而易举，哪有这般劳累？

夜已深了，莫高窟已经完全沉睡。就像端详一个壮汉的睡姿一般，看它睡着了，也没有什么奇特，低低的，静静的，荒秃秃的，与别处的小山一样。

第二天一早，我又一次投入人流，去探寻莫高窟的底蕴，尽管毫无自信。游客各种各样。有的排着队，在静听讲解员讲述佛教故事；有的捧着画具，在洞窟里临摹；有的不时拿出笔记写上几句，与身旁的伙伴轻声讨论着学术课题。他们就像焦距不一的镜头，对着同一个拍摄对象，选择着自己所需要的清楚和模糊。

莫高窟确实有着层次丰富的景深，让不同的游客摄取。听故事，学艺术，探历史，寻文化，都未尝不可。一切伟大的艺术，都不会只是呈现自己单方面的生命。它们为观看者存在，它们期待着仰望的人群。一幅壁画，加上壁画前的唏嘘和叹息，才是这幅壁画的立体生命。游客们在观看壁画，也在观看自己。于是，我眼前出现了两个长廊：艺术的长廊和观看者的心灵长廊；也出现了两个景深：历史的景深和民族心理的景深。

如果仅仅为了听佛教故事，那么它多姿的神貌和色泽就显得有点浪费。如果仅仅为了学绘画技法，那么它就吸引不了那么多普通的游客。如果仅仅为了历史和文化，那么它至多只能成为厚厚著述中的插图。它似乎还要深得多，复杂得多，也神奇得多。

它是一种聚会，一种感召。它把人性神化，付诸造型，又用造型引发人性，于是，它成了民族心底一种彩色的梦幻、一种圣洁的沉淀、一种永久的向往。

它是一种狂欢，一种释放。在它的怀抱里神人交融、时空飞腾，于是，它让人走进神话，走进寓言，走进宇宙意识的霓虹。在这里，狂欢是天然秩序，释放是天赋人格，艺术的天国是自由的殿堂。

它是一种仪式，一种超越宗教的宗教。佛教理义已被美的火焰蒸馏，剩下了仪式的盛大和高超。只要是知闻它的人，都会寻找机会来投奔这种仪式，接受它的洗礼和熏陶。

这个仪式如此宏大，如此广袤。甚至，没有沙漠，也没有莫高窟，没有敦煌。仪式从沙漠的起点已经开始，在沙窝中一串串深深的脚印间，在一个个夜风中的帐篷里，在一具具洁白的遗骨中，在长毛飘飘的骆驼背上。流过太多眼泪的眼睛，已被风沙磨钝，但是不要紧，迎面走来从那里回来的朝拜者，双眼是如此晶亮。我相信，一切为宗教而来的人，一定能带走超越宗教的感受，在一生的潜意识中蕴藏。蕴藏又变作遗传，下一代的苦旅者又浩浩荡荡。

为什么甘肃艺术家只是在这里撷取了一个舞姿，就能引起全国性的狂热？为什么张大千举着油灯从这里带走一些线条，就能风靡世界画坛？只是仪式，只是人性，只是深层的蕴藏。过多地捉摸他们的技法没有多大用处，他们的成功只在于全身心地朝拜过敦煌。蔡元培在本世纪初提出过以美育代宗教，我在这里分明看见，最高的美育也有宗教的风貌。或许，人类的将来，就是要在这颗星球上建立一种有关美的宗教？

离开敦煌后，我又到别处旅行。

我到过另一个佛教艺术胜地，那里山清水秀，交通便利。思维机敏的讲解员把佛教故事与今天的新闻、行为规范联系起来，讲成了一门古怪的道德课程。听讲者会心微笑，时露愧色。我还到过一个山水胜处，奇峰竞秀，美不胜收。一个导游指着几座略似人体的山峰，讲着一个个贞节故事，如画的山水立时成了一座座道德造型。听讲者满怀兴趣，扑于船头，细细指认。

我真怕，怕这块土地到处是善的堆垒，挤走了美的踪影。

为此，我更加思念莫高窟。

什么时候，哪一位大手笔的艺术家，能告诉我莫高窟的真正奥秘？日本井上靖的《敦煌》显然不能令人满意，也许应该有中国的赫尔曼·黑塞，写一部《纳尔齐斯与歌尔德蒙》(*Narziss and Goldmund*)，把宗教艺术的产生，刻画得如此激动人心，富有现代精神。

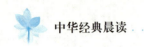

> 不管怎么说,这块土地上应该重新会聚那场人马喧腾、载歌载舞的游行。
>
> 我们,是飞天的后人。

余秋雨,浙江余姚(今慈溪市)人,当代艺术理论家,中国文化史学者,散文作家。曾任上海戏剧学院院长、教授,上海写作学会会长。1987年被授予"国家级突出贡献专家"荣誉称号。主要作品包括《文化苦旅》《山居笔记》《霜冷长河》《千年一叹》《行者无疆》。

《莫高窟》是余秋雨"苦旅散文系列"中较有代表性的一篇文章,全文四个部分。开篇以三危山作映衬,将视角上溯到华夏文明的源头,在时空上获得一种历史的纵深感。接着写乐樽和尚建窟的传说,写远来朝圣者的顶礼膜拜,写莫高窟傲视异邦古迹的层层累聚,写窟中变化万千的色彩,从而加深其莫测的神秘感。然后在赞佩和敬畏中,笔锋深入,开始在莫高窟,寻找"民族心底"的"梦幻",看到"一种圣洁的沉淀""一种永久的向往":狂欢、释放,达到"神人交融、时空飞腾"的"自由的殿堂"。作者用充满激情的、诗一般的语言尽情讴歌伟大的敦煌艺术,给人以强烈的震撼。

尽管中国古代文明曾屡遭不幸,但这个民族毕竟有着世界文明史上最伟大、最灿烂的文化。这种文化凝聚成的精神,孕育了它生生不息、吐纳百代的独特禀赋。因此,莫高窟所代表的中国古代文明至今仍笑傲世界。文中,作者把人、历史、自然融为一体,在莫高窟这个具有深刻文化印记的"人文景观"上,罩上沉重的历史气压,让读者在沉郁凝重的气氛中,了解自己民族的历史、文化。其实说到底,是了解自己的民族。

得道多助
失道寡助

第四学期

1 采薇

《诗经·小雅》

采薇采薇,薇亦作止①。曰②归曰归,岁亦莫③止。靡室靡家④,狁⑤之故。不遑启居⑥,狁之故。

采薇采薇,薇亦柔⑦止。曰归曰归,心亦忧止。忧心烈烈⑧,载饥载渴⑨。我戍⑩未定,靡使归聘⑪。

采薇采薇,薇亦刚⑫止。曰归曰归,岁亦阳⑬止。王事靡盬⑭,不遑启处⑮。忧心孔疚⑯,我行不来⑰!

彼尔维何?维常⑱之华。彼路斯何⑲?君子⑳之车。戎车㉑既驾,四牡业业㉒。岂敢定居㉓?一月三捷㉔。

驾彼四牡,四牡骙骙㉕。君子所依,小人所腓㉖。四牡翼翼㉗,象弭鱼服㉘。岂不日戒㉙?狁孔棘㉚!

昔我往矣㉛,杨柳依依㉜。今我来思㉝,雨雪霏霏㉞。行道迟迟㉟,载渴载饥。我心伤悲,莫知我哀!

【注释】

①薇:豆科野豌豆属的一种,种子、茎、叶均可食用。止:句末助词,无实意。

②曰:句首、句中助词,无实意。

③莫(mù):"暮"的本字,此指年末。

④靡(mǐ)室靡家:没有正常的家庭生活。靡,无。室,与"家"含义同。

⑤狁(xiǎn)狁(yǔn):中国古代少数民族名。

⑥不遑(huáng):不暇。遑,闲暇。启:跪。居:坐。不遑启居即不能安居休息。

⑦柔:柔嫩。"柔"比"作"更进一步生长。指刚长出来的薇菜柔嫩的样子。

⑧烈烈:形容忧心如焚。

⑨载(zài)饥载渴:又饥又渴。"载……载……",即"又……又……"。

⑩戍(shù):驻守,这里指防守的地点。

⑪聘(pìn):探问。

⑫刚:硬。

⑬阳:阳月,夏历四月。旧说为十月,因尔雅"十月为阳"。

⑭靡:无。盬(gǔ):止息,了结。

⑮启处:休整,休息。

⑯孔:甚,很。疚:病,苦痛。

⑰我行不来:我不能回家。来,回家。一说,我从军出发后,还没有人来慰问过。

⑱常:常棣(棠棣),植物名。

⑲路:高大的战车。斯何:犹言维何。斯,语气助词,无实在意义。

⑳君子:指将帅。

㉑戎(róng)车:兵车。

㉒牡(mǔ):公马。业业:高大的样子。

㉓定居:犹言安居。

㉔捷:胜利。此句意为一月多次行军。

㉕骙(kuí):马强壮。

㉖小人:指士兵。腓(féi):庇护,掩护。

㉗翼翼:整齐的样子,谓训练有素。

㉘象弭(mǐ):两端以象牙装饰的弓。弭,弓的一种。鱼服:鲨鱼皮制的箭袋。

㉙日戒:日日警惕戒备。

㉚孔棘:很紧急。

㉛昔:从前,文中指出征时。往:从军。

㉜依依:形容柳丝轻柔、随风摇曳的样子。

㉝思:用在句末,语气助词,没有实在意义。

㉞雨(yù)雪:下雪。雨,这里作动词。霏(fēi)霏:雪花纷落的样子。

㉟迟迟:迟缓的样子。一说路途长远。

导读

《小雅·采薇》是中国古代现实主义诗集《诗经》中的一篇。这是一首描写从军生活的诗,唱出从军将士的艰辛生活和思归情绪。诗人以"在路上"的角度,描绘了一条世界上最长的路,它如此之长,长得足以承载一场战争,长得足以装满一个人年年岁岁的思念,长得足以盛满一个人生命中的苦乐悲欣。全诗六章,每章八句。诗歌以一个从军将士的口吻,以采薇起兴,前五章着重写艰苦的戍边征战生活、强烈的思乡情绪以及久久未能回家的原因,从军将士既有御敌胜利的喜悦,也深感征战之苦,流露出对和平的期望;末章以抒情结束全诗,感人至深。此诗运用了重叠的句式与比兴的手法,集中体现了《诗经》的艺术特色。"昔我往矣,杨柳依依。今我来思,雨雪霏霏"既是写景,又是抒情伤怀,是《诗经》中被公认的名句。两句诗抒写当年出征和此日生还这两种特定时刻的景物和情怀,言浅意深,情景交融,那一股缠绵、深邃、飘忽的情思,从风景画面中自然流出,含蓄深永,回味无穷。

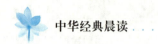

2 系辞传上(节选)

《易传》

天尊地卑①,乾坤定矣。卑高以陈,贵贱位矣。动静有常②,刚柔断矣。方以类聚,物以群分,吉凶生矣。在天成象,在地成形,变化见矣。

是故刚柔相摩,八卦相荡,鼓之以雷霆,润之以风雨;日月运行,一寒一暑。

乾道成男,坤道③成女。乾知大始④,坤作成物。

乾以易知,坤以简能⑤;易则易知,简则易从;易知则有亲,易从则有功;有亲则可久,有功则可大;可久则贤人之德,可大则贤人之业。易简而天下之理得矣。天下之理得,而成位乎其中矣。

【注释】

①天尊地卑:这是要君子居于高位则能效法天,居于下位则能效法地。所以有"崇效天,卑法地"之说。《易传·系辞传上》鼓励君子要凭借自己的德性来创立事业,不断自新。君子效法天地之道,无论处于何种境地,都要坚守自己的道德,才会因此获得应有的地位和尊严。
②动静有常:指行动和静止都有一定的规律,体现了宇宙万物变化规律的哲学思想。
③坤道:谓大地的属性。
④大始:指开始形成万物的混沌之气或元气。
⑤简能:凡事简易则能完善。

《系辞传》是《易传》思想的主要代表作,"系"为系属之意。孔颖达疏:"系属其辞于爻卦之下",《系辞传》为《周易》经文之外全书原理的通论。全书以"一阴一阳之谓道"立论,说明任何事物都具有两重性,肯定自然界存在阴阳、动静、刚柔等相反属性的事物;提出"刚柔相推而生变化""生生之谓易"的观点;认为相反事物的"相幸""相荡""相推""相感"

的相互作用是事物变化的普遍规律,是万物化生的源泉;提出"是故易有太极,是生两仪,两仪生四象,四象生八卦,八卦定吉凶,吉凶生大业"的宇宙衍生观;认为"穷则变,变则通,通则久",即事物必须经过变革才有前途;同时又承认"天尊地卑,乾坤定矣。卑高以陈,贵贱位矣"的永恒性。还阐释了八卦来源、占筮方法、圣人四道、乾坤德性和功用、九卦的含义,等等。《周易》对中国古代哲学产生了巨大影响,《易传》中提出的太极、两仪、道、器、神、意、象等,作为哲学范畴被后世广泛运用。

3 四气调神①大论(节选)

《黄帝内经·素问》

春三月,此谓发陈。天地俱生,万物以荣,夜卧早起,广步于庭,被发缓形,以使志生,生而勿杀,予而勿夺,赏而勿罚,此春气之应,养生之道也;逆之则伤肝,夏为寒变,奉长者少。

夏三月,此谓蕃秀。天地气交,万物华实,夜卧早起,无厌于日,使志无怒,使华英成秀,使气得泄,若所爱在外,此夏气之应,养长之道也;逆之则伤心,秋为痎疟,奉收者少,冬至重病。

秋三月,此谓容平。天气以急,地气以明,早卧早起,与鸡俱兴,使志安宁,以缓秋刑②,收敛神气,使秋气平,无外其志,使肺气清,此秋气之应,养收之道也;逆之则伤肺,冬为飧泄,奉藏者少。

冬三月,此谓闭藏。水冰地坼,无扰乎阳,早卧晚起,必待日光,使志若伏若匿,若有私意,若已有得,去寒就温,无泄皮肤,使气亟夺。此冬气之应,养藏之道也;逆之则伤肾,春为痿厥,奉生者少。

天气,清净光明者也,藏德不止,故不下也。天明则日月不明,邪害空窍③。阳气者闭塞,地气者冒明,云雾不精,则上应白露不下。交通不表,万物命故不施,不施则名木多死。恶气不发,风雨不节,白露不下,则菀稿不荣④。贼风数至,暴雨数起,天地四时不相保,与道相失,则未央绝灭。唯圣人从之,故身无奇病,万物不失,生气不竭。

逆春气则少阳不生,肝气内变。逆夏气则太阳不长,心气内洞。逆秋气则太阴不收,肺气焦满。逆冬气则少阴不藏,肾气独沉。夫四时阴阳者,万物之根本也。所以圣人春夏养阳,秋冬养阴,以从其根;故与万物沉浮于生长之门。逆其根则伐其本,坏其真矣。故阴阳四时者,万物之终始也;死生之本也;逆之则灾害生,从之则苛疾不起,是谓得道。道者,圣人行之,愚者佩之。从阴阳则生,逆之则死;从之则治,逆之则乱。反顺为逆,是谓内格。

　　是故圣人不治已病,治未病;不治已乱,治未乱,此之谓也。夫病已成而后药之,乱已成而后治之,譬犹渴而穿井⑤,斗而铸锥⑥,不亦晚乎?

【注释】

①调:调理、调摄。神:指精神情志。
②秋刑:指秋天肃杀之气对万物的摧折。
③邪害空窍:指邪气侵入口、鼻、耳、目等器官所发生的病症。空窍,即孔窍。
④菀槁(gǎo)不荣:茂盛的禾苗都不生发了。菀,茂盛。槁,禾秆,泛指禾苗。
⑤渴而穿井:比喻事先没准备,临时才想办法。
⑥斗而铸锥:临到打仗才去铸造兵器,喻临阵磨枪、不早作准备。

导　读

　　《黄帝内经》分《灵枢》《素问》两部分,是中国最早的医学典籍,传统医学四大经典著作之一(其余三者为《难经》《伤寒杂病论》《神农本草经》)。本篇出自《黄帝内经·素问》,以论四季养生为中心,着重告诫人们要顺应四时气候的变化,以气调神,防止疾病发生,确保身心健康。主要内容包括:①根据调养精神情志的原则和方法及违背这些原则的危害性,来顺应四时阴阳变化。②提出"春夏养阳,秋冬养阴"的养生基本原则,说明顺应四时阴阳的重要性。③自然界剧烈变化可能给生物和人类带来危害,只有顺四时,善养生,才会"生气不竭"。④从养生的角度,强调了"治未病"的积极意义,体现了《黄帝内经》的预防保健思想。

　　本章最后一段起画龙点睛作用,重点突出未病先防,提出如何预防疾病的发生,如四时环境的适应、精神的保养、体格的锻炼、生活的规律等。这一"治未病"思想,对后世有很大的启迪作用,尤其是对中医治疗学的影响更为深远。

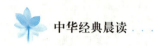

4　得道多助，失道寡助（节选）

孟子

天时不如地利，地利不如人和①。三里之城，七里之郭②，环而攻之而不胜。夫环而攻之，必有得天时者矣，然而不胜者，是天时不如地利也。城非不高也，池③非不深也，兵革④非不坚利也，米粟非不多也，委而去之，是地利不如人和也。故曰：域民⑤不以封疆之界，固国不以山溪之险，威天下不以兵革之利。得道者多助，失道者寡助。寡助之至，亲戚畔⑥之；多助之至，天下顺之。以天下之所顺，攻亲戚之所畔，故君子有⑦不战，战必胜矣。

【注释】

①天时、地利、人和：见《荀子·王霸》，"农夫朴力而寡能，则上不失天时，下不失地利，中得人和，而百事不废"。荀子所指的"天时"指适宜作战的时令、气候，"地利"指有利于作战的地形，"人和"指得人心，上下团结。而孟子在这里所说的"天时"则指作战的时机、气候等；"地利"指山川险要、城池坚固等；"人和"则指人心所向、内部团结等。

②三里之城，七里之郭：内城叫"城"，外城叫"郭"。

③池：即护城河。

④兵革：即武器装备。兵，武器。革，皮革，指铠甲，甲胄。

⑤域民：使人民定居下来（而不迁到别的地方去）。

⑥畔：通"叛"，背叛，反叛，叛乱。

⑦有：或，要么。

该文章主要分析了天时、地利、人和三个要素在决定战争胜负中的不同作用。首先提出论点"天时不如地利，地利不如人和"。"天时"一般指对战争有利的天气和时令，"地利"指对进攻或防守有利的地理形势,"人和"指内部团结、人心归向。接着,作者用顶真连环的句式、层层推进的方法,强调了人和的重要性,最终指出人和是取得战争胜利的最主要的条件,是决定性的因素。然后,作者从两个方面分别论证了"天时""地利"的局限性,先从进攻一方的失利论证"天时不如地利",后从防御一方的失利论证"地利不如人和",两方面综合论证了"人和"对战争的重要性之后,又顺势加以推理,推论"人和"在治理整个国家中的作用。"道"指的是孟子主张的"仁政",通过施行仁政,得到人民的支持和拥护。通过"得道"和"失道"的后果——"多助"和"寡助"的鲜明对比,充分说明了"人和"在治国中的重要作用。之后,又将"多助"和"寡助"的后果向纵深推进,推论出"人和"在统一天下中的作用也非常重要。

　　现在,我们常用"得道者多助,失道者寡助"评价国际关系,谴责霸权主义者。"天时不如地利,地利不如人和"则更为广泛地应用于商业竞争、体育比赛。这充分说明这一句话蕴含的哲理是丰富的、深刻的且具有广泛延伸性。

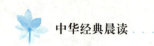

5　曾国藩家书(节选)

曾国藩

求业之精,别无他法,曰专而已矣。谚①曰:"艺多不养身,谓不专也。"吾掘井多而无泉可饮,不专之咎也!诸弟总须力图专业。如九弟志在习字,亦不尽废他业;但每日习字工夫,不可不提起精神,随时随事,皆可触悟。四弟六弟,吾不知其心有专嗜②否?若志在穷③经,则须专守一经,志在作制义④,则须专看一家文稿,志在作古文⑤,则须专看一家文集。作各体诗亦然,作试帖⑥亦然,万不可以兼营并骛⑦,兼营则必一无所能矣。切嘱切嘱!千万千万!

此后写信来,诸弟各有专守之业,务须写明,且须详问极言⑧,长篇累牍,使我读其手书,即可知其志向识见。凡专一业之人,必有心得,亦必有疑义。诸弟有心得,可以告我共赏之,有疑义,可以问我共析之,且书信既详,则四千里外之兄弟,不啻晤言一室,乐何如乎?

【注释】

①谚:谚语。

②嗜:喜爱,爱好。

③穷:穷究,追究到底。

④制义:明清时代科举考试的文字程式,又称制艺,即八股文。

⑤古文:特指秦汉的散文,以及继承这一传统的后世散文。

⑥试帖:唐代科举考试中的考试形式。形式上有五言、七言、绝句、律诗等。

⑦并骛(wù):同时兼顾。

⑧极言:指深入交流。

导读

　　曾国藩是晚清一位极具争议的人物,可谓褒贬不一。无论欣赏他的人还是鄙视他的人都对他的家书推崇备至,可见他的家书不仅是一部记录家常的书信集,更是一部蕴含家庭教育智慧的经典之作。

　　寻求学业之精深,没有别的办法,就是一个"专"字。常言道:"技能多并不能维持一个人的生计。"说的就是技艺要专的道理。凡是专攻一门学业的人,必定有所心得体会,也必定存在着需要解决的疑难问题,要提出来与大家一起分析解决。这一点,在《曾国藩家书》中也得到体现。

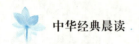

6 格言联璧(节选)

(齐家类)

勤俭,治家之本,忠孝,齐家之本,谨慎,保家之本,诗书,起家之本,积善,传家之本。

……

父母所欲为者,我继述之;父母所重念者,我亲厚之。

……

兄弟和其中自乐,子孙贤此外何求。

心术不可得罪于天地,言行要留好样与儿孙。

……

近处不能感动,未有能及远者。小处不能调理,未有能治大者。亲者不能联属,未有能格疏者。一家生理不能全备,未能有安养百姓者。一家子弟不率规矩,未有能教诲他人者。

……

雨泽过润,万物之灾也;恩宠过礼,臣妾之灾也;情爱过义,子孙之灾也。

安详恭敬,是教小儿第一法;公正严明,是做家长第一法。

……

未有和气萃焉,而家不吉昌者;未有戾气结焉,而家不衰败者。

……

无正经人交接,其人必是奸邪;无穷亲友往来,其家必然势利。

导 读

格言联璧的用意在于以金科玉律之言,作暮鼓晨钟之警,即用圣贤先哲的至理格言来鞭策启迪童蒙,使童蒙懂得做人的道理、树立远大的人生志向,努力进取,长大以后成为于国于家有用的人。格言联璧正所谓是成己成人之宝筏,希圣希贤之阶梯也。其说理之切、举事之赅、措辞之精、成篇之简,皆萃古今。每一条格言均内涵丰富,广博精微,言有尽而意无穷,展现了先哲的智慧和无限期望。

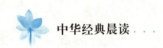

7 长歌行①

汉乐府

青青园中葵②,朝露待日晞③。
阳春布德泽④,万物生光辉。
常恐秋节⑤至,焜黄华叶衰⑥。
百川东到海,何时复西归?
少壮不努力,老大徒伤悲⑦。

【注释】

①长歌行:汉乐府曲题。
②葵:"葵"作为蔬菜名,是中国古代重要蔬菜之一。《诗经·国风·豳风·七月》:"七月亨葵及菽。"
③朝露:清晨的露水。晞:天亮,引申为阳光照耀。
④"阳春"句:阳是温和。阳春是露水和阳光都充足的时候,露水和阳光都是植物所需要的,都是大自然的恩惠,即所谓的"德泽"。布,布施,给予。德泽,恩惠。
⑤秋节:秋季。
⑥焜黄:形容草木凋落枯黄的样子。华(huā):通"花"。衰:一说读"cuī",一说读"shuāi"。
⑦老大:指年老了,老年。徒:白白地。

　　这是一首咏叹人生的歌。从"园中葵"说起,再用水流到海不复回打比方,说明光阴如流水,一去不再回,最后劝导人们,要珍惜青春年华,发奋努力,不要等老了再后悔。这首诗借物言理,以园中的葵菜作比喻,"青青"喻其生长茂盛。在春天的阳光雨露之下,万物都在争相努力地生长,因为它们深知秋风凋零百草的道理。大自然的生命节奏如此,人生也是这样。一个人如果不趁着大好时光努力奋斗,让青春白白地浪费,等到年老时后悔也来不及了。诗歌由眼前的青春美景想到人生易逝,鼓励青年人要珍惜时光。

此诗咏叹人生。从园中葵起调,这在写法上被称作"托物起兴",即"先言他物以引起所咏之辞也"。诗人由园中葵的蓬勃生长推而广之,写到整个自然界,由于有春天的阳光、雨露,万物都在闪耀着生命的光辉,到处是生机盎然、欣欣向荣的景象。诗歌字面上是对春天的礼赞,实际上是借物比人,是对人生最宝贵的东西——青春的赞美。充满青春活力的时代,正如春天一样美好。这样,在写法上,它采用了比喻。

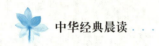

8 观沧海

曹操

东临①碣石②,以观沧③海④。
水何⑤澹澹⑥,山岛竦峙⑦。
树木丛生,百草丰茂。
秋风萧瑟⑧,洪波⑨涌起。
日月⑩之行,若⑪出其中;
星汉⑫灿烂,若出其里。
幸甚至哉,歌以咏志。⑬

【注释】

①临:登上,有游览的意思。
②碣(jié)石:山名,在河北省昌黎县。公元 207 年秋天,曹操征乌桓时曾经过此地。
③沧:通"苍",青绿色。
④海:渤海。
⑤何:多么。
⑥澹澹(dàn):水波荡漾的样子。
⑦竦(sǒng)峙(zhì):耸立。
⑧萧瑟:秋风吹树木的声音。
⑨洪波:汹涌澎湃的波浪。
⑩日月:太阳和月亮。
⑪若:如同,好像是。
⑫星汉:银河。
⑬幸甚至哉,歌以咏志:太值得庆幸了!就用诗歌来表达心志吧。幸,庆幸。甚,非常。至,极点。

导读

　　这首诗是曹操北征乌桓,途中登临碣石山时所作。诗人借描写大海的雄伟壮丽景象,表达了自己渴望建功立业、统一中原的雄心伟志和宽广的胸襟。全篇写景,其中并无直抒胸臆的感慨之词,但是读者诵读全诗,仍能感到它所寄托的诗人的情怀。透过诗人描绘的波涛汹涌、吞吐日月的大海,读者仿佛看到了曹操奋发进取、立志统一国家的伟大抱负和壮阔胸襟,感受到作为诗人、政治家、军事家的曹操在一种典型环境中的思想感情的细腻波动。

　　这首诗不但写景,而且借景抒情,把眼前的景色和自己的雄心壮志很巧妙地融合在一起。这首诗的高潮在末尾。它的感情奔放,思想却很含蓄,不但做到了情景交融,而且做到了情理结合、寓情于景。正因为它含蓄,所以更有启发性,更耐人寻味,更能激发我们的想象力。过去人们称赞曹操的诗深沉饱满、雄健有力,"如幽燕老将,气韵沉雄",从这里可以得到印证。全诗的基调苍凉慷慨,语言质朴,想象丰富,气势磅礴。

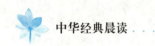

9　行路难（其一）

李白

金樽①清酒斗十千，玉盘珍羞②直③万钱。
停杯投箸④不能食，拔剑四顾⑤心茫然。
欲渡黄河冰塞川，将登太行雪满山。
闲来垂钓碧溪上，忽复乘舟梦日边。
行路难，行路难，多歧路，今安⑥在？
长风破浪会有时，直挂云帆济⑦沧海。

【注释】

①金樽(zūn)：古代盛酒的器具，以金为饰。

②珍羞：精美的食品。羞，通"馐"。

③直：通"值"。

④箸(zhù)：筷子。

⑤顾：望。

⑥安：哪里。

⑦济：渡。

这首诗一共十四句，八十二个字，在七言歌行中只能算是短篇，但它跳荡纵横，具有大开大合的气势格局。它揭示了诗人感情的激荡起伏、复杂变化。诗的前两句写朋友对李白的深厚友情，接着写诗人心情的变化。其后，紧承"心茫然"，正面写"行路难"。诗人用"冰塞川""雪满山"象征人生道路上的艰难险阻。但是，李白并不是那种软弱的性格，从"拔剑四顾"开始，就显示其不甘消沉之心。诗人在心境茫然之中，忽然想到开始在政治上并不顺利,而最终大有作为的两位人物:一位是姜尚,九十岁在溪边钓鱼,得遇文王;一位是伊尹,在受汤重用前曾梦见自己乘舟绕日月而过。这两位历史人物的经历,又给诗人增添了信心。然而当他的思绪回到现实中来的时候,又再一次感到人生道路的艰难。这是感情在尖锐复杂的矛盾中的再一次回旋。但是,倔强而又自信的李白,决不愿在离筵上表现自己的气馁。他所具有的积极入世的强烈要求,终于使他再次摆脱了歧路彷徨的苦闷,重树信心与豪情。"长风破浪会有时,直挂云帆济沧海。"他坚信,尽管前路障碍重重,但终有一天会像刘宋时宗悫所说的那样,乘长风破万里浪,挂上云帆,横渡沧海,到达理想的彼岸。

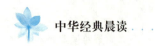

❿ 游子吟①

孟郊

慈母手中线，游子身上衣。
临②行密密缝，意恐迟迟归③。
谁言寸草心④，报得三春晖⑤。

【注释】

①游子：古代称远游旅居的人。吟：诗体名称。
②临：将要。
③意恐：担心。归：回来，回家。
④谁言：一作"难将"。言：说。寸草：小草。这里比喻子女。心：语义双关，既指草木的茎干，也指子女的心意。
⑤报得：报答。三春晖：春天灿烂的阳光，指慈母之恩。三春，旧称农历正月为孟春，二月为仲春，三月为季春，合称三春。晖，阳光，形容母爱如春天和煦的阳光一样照耀着子女。

　　《游子吟》写于溧阳（今属江苏省）。此诗题下孟郊自注："迎母溧上作。"孟郊早年漂泊无依，贫困潦倒，直到五十岁后才得到一个溧阳县尉的卑微之职，结束了长年漂泊的生活，便将母亲接来同住。诗人仕途失意，饱尝世态炎凉，愈觉亲情之可贵，于是写出这首发自肺腑、感人至深的颂母之诗。

　　深挚的母爱，无时无刻不在沐浴着儿女们。然而对孟郊这位常年颠沛流离、居无定所的游子来说，最值得回忆的，莫过于母子分离的痛苦时刻了。此诗描写的就是分离之际，慈母缝衣的普通场景，而表现的则是诗人深沉的内心情感。这是一首母爱的颂歌，"诗从肺腑出，出辄愁肺腑"。这首诗虽无藻绘与雕饰，但清新流畅，淳朴素淡，诗味浓郁醇美。

11　冬夜读书示子聿①

陆游

古人学问②无遗力③，
少壮工夫老始成④。
纸上得来终觉浅⑤，
绝知此事要躬行⑥。

【注释】

①示：训示、指示。子聿（yù）：陆游的小儿子。
②学问：指读书学习。
③无遗力：用出全部力量，没有一点保留，不遗余力、竭尽全力。遗，保留，存留。
④少壮：青少年时代。工夫：做事所耗费的时间。始：才。
⑤纸：书本。终：到底，毕竟。觉：觉得。浅：肤浅，浅薄，有限的。
⑥绝知：深入、透彻的理解。躬行：亲身实践。行，实践。

这是一首教子诗，诗人在书本与实践的关系上强调了实践的重要性。人们从书本中汲取营养，学习前人的知识和技巧，这是获取间接经验的途径。直接从实践中产生认识，是获取知识更加重要的途径。只有通过"躬行"，把书本知识变成实际知识，才能发挥所学知识对实践的指导作用。

诗中陆游通过对儿子子聿的教育，提出做学问要有孜孜不倦、持之以恒的精神。一个既有书本知识，又有实践精神的人，才是真正有学问的人。诗人从古人"学""问"不遗余力的经验中引出议论，告诫儿子，要想老有所成，一是莫负年华，应在年轻力壮时下苦功夫；二是不能仅满足于获取书本知识，而应注重"躬行"。这首诗不仅饱含诗人对子女的殷切期望，同时也体现了诗人深邃的教育思想：要珍惜时光，趁着年轻努力学习并坚持不懈；不要急于求成，也不要死读书。

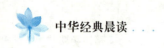

⑫ 过零丁洋①

文天祥

辛苦遭逢起一经②,干戈寥落四周星③。
山河破碎风飘絮④,身世浮沉雨打萍⑤。
惶恐滩⑥头说惶恐,零丁洋里叹零丁⑦。
人生自古谁无死?留取丹心⑧照汗青⑨。

【注释】

①零丁洋:即"伶仃洋",今广东省珠江口外。1278年底,文天祥率军在广东五坡岭与元军激战,兵败被俘,囚禁船上,船曾经过零丁洋。

②遭逢:遭遇。起一经:因为精通经书,通过科举考试而被朝廷起用为官。文天祥二十岁考中状元。

③干戈:指抗元战争。寥(liáo)落:荒凉冷落,指宋朝抗元战事逐渐消歇。一作"落落"。四周星:四周年。文天祥从1275年起兵抗元,到1278年被俘,一共四年。

④絮:柳絮。形容大宋国势如风中柳絮,失去根基,即将覆灭。

⑤萍:浮萍。

⑥惶恐滩:在今江西省万安县,是赣江中的险滩。1277年,文天祥在江西被元军打败,所率军队死伤惨重,妻子儿女也被元军俘房,他经惶恐滩(今江西省万安县)撤到福建。

⑦零丁:孤苦无依的样子。

⑧丹心:红心,比喻忠心。

⑨汗青:同汗竹,这里指史册。古代用竹简写字,采来着色的竹子,先用火烤干其中的水分,干后才容易书写,后世将著作或史册称为汗青。

这首名垂千古的述志诗,是文天祥被俘后为誓死明志而作。诗人在首联回顾平生,但限于篇幅,仅举出入仕和兵败一首一尾两件事以概其余。中间两联明确表达了作者对当前局势的认识：国家处于风雨飘摇中，亡国的悲剧已不可避免，个人命运就更难以说起。面对这种巨变，诗人想到的不是个人的出路和前途，而是深深地遗憾自己在两年前的战争中失利，无法扭转局面。同时，也为自己的孤立无援感到格外痛心。我们从字里行间不难感受到作者因国破家亡而产生的巨痛与自责、自叹相交织的苍凉心绪。尾联则是身陷敌手的诗人对自身命运的一种毫不犹豫的选择。这使得前面的感慨、遗恨平添了一种悲壮激昂的力量和底气，表现出独特的崇高美。这既是诗人人格魅力的体现，也是中华民族独特的精神美。"人生自古谁无死？留取丹心照汗青"是千古传诵的名句，是诗人用自己的鲜血和生命谱写的一曲理想人生的赞歌。全诗格调沉郁悲壮，正气浩然，确是一首动天地、泣鬼神的伟大爱国主义诗歌。

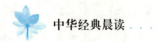

墨梅(其三)

王冕

我家洗砚池头树,朵朵花开淡墨痕。
不要人夸好颜色,只留清气满乾坤。

导读

  这是一首题画诗。王冕中意梅花,为《墨梅》题有四首诗,这是组诗中的第三首。王冕为自己所画的梅花图作诗,意在赞美墨梅的美德,并抒写自己的操守和情志。作者借梅自喻,表达了不求众人夸赞、不向世俗献媚、只愿给人间留下清香的人生态度及高洁情操。诗歌将画格、诗格、人格有机地融为一体,在赞誉梅花中,也表现了自己不求闻达、独善其身的品格。诗人将梅花色彩之"淡"与清气之"满"相对照,突出地表现了墨梅的风姿,使人在欣赏书画的同时,仿佛闻到了淡墨与梅花的清香,而诗人高洁的品性也由此跃然纸上。

14 水调歌头·明月几时有

苏轼

丙辰①中秋,欢饮达旦②,大醉,作此篇,兼怀子由③。

明月几时有?把酒④问青天。不知天上宫阙⑤,今夕是何年。我欲乘风⑥归去,又恐琼楼玉宇⑦,高处不胜⑧寒。起舞弄清影⑨,何似⑩在人间。

转朱阁,低绮户,照无眠⑪。不应有恨,何事长向别时圆?⑫人有悲欢离合,月有阴晴圆缺,此事⑬古难全。但⑭愿人长久⑮,千里共婵娟⑯。

【注释】

①丙辰:指公元1076年。这一年苏轼在密州(今山东省诸城市)任太守。
②达旦:到天亮。
③子由:苏轼的弟弟苏辙的字。苏辙与其父苏洵、其兄苏轼并称"三苏"。
④把酒:端起酒杯。把,执、持。
⑤天上宫阙(què):指月中宫殿。阙,古代城墙后的石台。
⑥乘风:驾着风,凭借风力。
⑦琼(qióng)楼玉宇:美玉砌成的楼宇,指想象中的仙宫。
⑧不胜(shēng):经不住,承受不了。胜,承担、承受。
⑨弄清影:意思是词人在月光下起舞,影子也随着舞动。弄,玩弄、欣赏。
⑩何似:何如,哪里比得上。
⑪转朱阁,低绮(qǐ)户,照无眠:月儿移动,转过了朱红色的楼阁,低低地挂在雕花的窗户上,照着没有睡意的人(指词人自己)。朱阁,朱红的华丽楼阁。绮户,雕饰华丽的门窗。
⑫不应有恨,何事长(cháng)向别时圆:(月儿)不该(对人们)有什么遗憾吧,为什么偏在人们分离时变圆呢?何事,为什么。
⑬此事:指人的"欢""合"和月的"晴""圆"。
⑭但:只。
⑮长久:此处指寿命长。
⑯千里共婵(chán)娟(juān):虽然相隔千里,也能一起欣赏这美好的月光。共,一起欣赏。婵娟,本

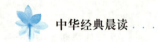

意指女子姿态美好的样子,这里指月亮。

  此词是中秋望月怀人之作,表达了作者对胞弟苏辙的无限怀念。词人运用形象描绘手法,勾勒出一种皓月当空、亲人相隔千里、孤高旷远的境界氛围,反衬自己遗世独立的意绪,又与往昔的神话传说融合一处,在月的阴晴圆缺当中,渗进浓厚的哲学意味,可以说是一首将自然和社会高度契合的感喟作品。这首中秋词,"大醉"遣怀是主,"兼怀子由"是辅,是作者关于宦途险恶体验的升华与总结,其中既有对朝廷政局的强烈关注,又有期望重返汴京(今河南省开封市)的复杂心情,故时逢中秋,一饮而醉,意兴阑珊又思绪万千。苏轼是一位性格豪放、气质浪漫的文学家。当他抬头遥望中秋明月时,其思想情感犹如长了翅膀,在天上人间自由翱翔。词遂形成了一种豪放洒脱的风格。在月亮这一意象上寄托了他无限美好的憧憬与理想。

  此词上阕望月,既怀逸兴壮思,高接混茫,而又脚踏实地,自具雅量高致。下阕怀人,即兼怀子由,由中秋的圆月联想到人间的离别,同时感念人生的离合无常。全词清丽雄阔,意境豪放阔大,以咏月为中心,表达了游仙"归去"与直舞"人间"、出世与入世的矛盾和困惑,以及旷达自适、人生长久的乐观和美好愿望,极富哲理。此词立意高远,构思新颖,意境清新如画,最后以乐观而旷达的情怀收束,情韵兼胜,具有很高的审美价值。全篇皆是佳句,典型地体现出苏词清雄旷达的风格。

15 临江仙①·滚滚长江东逝水

杨慎

滚滚长江东逝水②,浪花淘尽③英雄。是非成败转头空。青山④依旧在,几度⑤夕阳红。

白发渔樵江渚⑥上,惯看秋月春风⑦。一壶浊酒⑧喜相逢。古今多少事,都付笑谈中⑨。

【注释】

①临江仙:原为唐教坊曲名,后用作词牌名,字数有五十二字、五十四字等六种。
②东逝水:江水向东流逝,这里将时光比喻为江水。
③淘尽:荡涤一空。
④青山:青葱的山岭。《管子·地员》载:"青山十六施,百一十二尺而至于泉。"
⑤几度:虚指,几次、好几次之意。
⑥渚(zhǔ):原意为水中的小块陆地,此处意为江岸边。
⑦秋月春风:指良辰美景,也指美好的岁月。白居易《琵琶行》载:"今年欢笑复明年,秋月春风等闲度。"
⑧浊(zhuó):不清澈,不干净。与"清"相对。浊酒,用糯米、黄米等酿制的酒,较混浊。
⑨都付笑谈中:在一些古典文学及音乐作品中,也有作"尽付笑谈中"。

导读

这是一首咏史词,借叙述历史兴亡抒发人生感慨,豪放中有含蓄,高亢中有深沉。全词基调慷慨悲壮,意味无穷,读来荡气回肠。在渲染苍凉悲壮的同时,又营造出一种淡泊宁静的气氛,并且折射出高远的意境和深邃的人生哲理。作者试图在历史长河的奔腾与沉淀中,探索永恒的价值,在成败得失之间,寻找深刻的人生哲理,有历史兴衰之感,更有人生沉浮之慨,体现出一种高洁的情操、旷达的胸怀。读者在品味这首词的同时,仿佛感

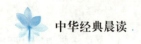

到那奔腾而去的不是滚滚长江之水,而是无情的历史,于是,在对历史的叹息中又开始寻找生命永恒的价值。

全词似怀古,似托物言志,从大处落笔,切入历史的洪流,说尽了历代兴亡,寄托了人生感慨,可以说是以词写的历史,也是以词论的人生。千古风流人物,无论是非成败,在历史的长河中被淘尽,唯有青山绿水永恒存在。词人作为首辅之子、一代状元,然一朝得罪皇帝,老死南荒。此篇未涉及任何具体的历史事件、人物,却包罗一切,容量极大。

16 送别

李叔同

长亭外,古道边,芳草碧连天。晚风拂柳笛声残,夕阳山外山①。
天之涯,地之角,知交半零落②。一壶浊酒尽余欢,今宵别梦寒。

【注释】

①山外山:指一座座连绵的山。
②零落:原指花草凋落、分散,这里指朋友各自天涯,唯以寻觅。

李叔同(1880—1942),名文涛,出家后法名演音,号弘一。中国现代画家、书法家、音乐家、戏剧家,既是才气横溢的艺术教育家,也是一代高僧。《送别》写于1905年,是李叔同在日本留学时所作。

长亭饮酒、古邮相送、折柳赠别、夕阳挥手、芳草离情,都是千百年来送别诗中常用的意象。但短短的一首歌词,把这些意象都集中起来,以一种巨大的冲击力,使之成为中国人送友离别的一种文化心理符号。歌词写在长亭外、古道边送别的画面,抒发知交零落天涯的心灵悲歌。在经历了送友离别之后,作者感悟到了人生短暂,犹如落日,充满着彻骨的寒意。整首歌词弥漫着浓重的人生空幻感,深藏着顿悟出世的暗示。作品的风格属婉约一派,清新淡雅,情真意挚,凄美柔婉。歌词造句长短参差,句式充满变化。

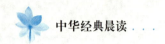

17　面朝大海,春暖花开

海子

从明天起,做一个幸福的人
喂马、劈柴,周游世界
从明天起,关心粮食和蔬菜
我有一所房子,面朝大海,春暖花开

从明天起,和每一个亲人通信
告诉他们我的幸福
那幸福的闪电告诉我的
我将告诉每一个人

给每一条河每一座山取一个温暖的名字
陌生人,我也为你祝福
愿你有一个灿烂的前程
愿你有情人终成眷属
愿你在尘世获得幸福
我只愿面朝大海,春暖花开

　　这首诗写于1989年。面对现实,身为理想主义者的作者困惑了,希望破灭了,觉得不能"诗意地栖居于世"了。同别人盲目沉醉于物质生活享受的幸福感比较起来,他更多地感到来自内心分裂矛盾的痛苦。这首诗便是他人生痛苦体验的结晶。全诗共三节,第一节虚构了诗人理想中的"幸福的人"的生活图景。这种幸福是现实与理想、物质与精神的完美统一,属于未来,属于幻想。第二、三节由描绘景象转为抒发情感,诗人由己及人,表达了对亲情、友情的珍惜,情感涉及面次第展开,胸襟逐渐开阔,尤其第三节对"陌生人"的三"愿"中,最后的"愿你在尘世获得幸福"在全诗中起着总括的作用,博爱之情溢于言外。诗歌至此,情感突然发生逆转,"我只愿面朝大海,春暖花开",犹言尘世的幸福与诗人无关,显示出诗人矛盾的心理状态。诗人从热情开放转为收合封闭。

  这首诗以朴素明朗而又隽永清新的语言,唱出一个诗人的真诚善良,集中体现了诗人单纯而明净的特有风格。邹建军的《试论海子的诗歌创作》总结海子诗的特点:一是意象空旷;二是以实显虚,以近显远;三是语言纯粹、本真。"面朝大海,春暖花开"这两个短语可谓是海子的天才创造,不仅意象开阔深远,而且韵味无穷。诗歌平白如话,情感表达真实、自然、朴实无华。

18 "今"

李大钊

我以为世间最可宝贵的就是"今",最易丧失的也是"今"。因为他最容易丧失,所以更觉得他最可宝贵。

为什么"今"最可宝贵呢?最好借哲人耶曼孙所说的话答这个疑问:"尔若爱千古,尔当爱现在。昨日不能唤回来,明天还不确实,尔能确有把握的就是今日。今日一天,当明日两天。"

为什么"今"最易丧失呢?因为宇宙大化,刻刻流转,绝不停留。时间这个东西,也不因为吾人贵他爱他稍稍在人间留恋。试问吾人说"今"说"现在",茫茫百千万劫,究竟哪一刹那是吾人的"今",是吾人的"现在"呢?刚刚说他是"今"是"现在",他早已风驰电掣的一般,已成"过去"了。吾人若要糊糊涂涂把他丢掉,岂不可惜?

有的哲学家说,时间但有"过去"与"未来",并无"现在"。有的又说,"过去""未来"皆是"现在"。我以为"过去未来皆是现在"的话倒有些道理。因为"现在"就是所有"过去"流入的世界,换句话说,所有"过去"都埋没于"现在"的里边。故一时代的思潮,不是单纯在这个时代所能凭空成立的。不晓得有几多"过去"时代的思潮,差不多可以说是由所有"过去"时代的思潮一(起)凑合而成。吾人投一石子于时代潮流里面,所激起的波澜声响,都向永远流动传播,不能消灭。屈原的《离骚》,永远使人人感泣。打击林肯头颅的枪声,呼应于永远的时间与空间。一时代的变动,绝不消失,仍遗留于次一时代,这样传演,至于无穷,在世界中有一贯相联的永远性。昨日的事件与今日的事件,合构成数个复杂事件。此数个复杂事件与明日的数个复杂事件,更合构成数个复杂事件。势力结合势力,问题牵起问题。无限的"过去"都以"现在"为归宿,无限的"未来"都以"现在"

为渊源。"过去""未来"的中间全仗有"现在"以成其连续,以成其永远,以成其无始无终的大实在。一掣现在的铃,无限的过去未来皆遥相呼应。这就是过去未来皆是现在的道理。这就是"今"最可宝贵的道理。

现时有两种不知爱"今"的人:一种是厌"今"的人,一种是乐"今"的人。

厌"今"的人也有两派:一派是对于"现在"一切现象都不满足,因起一种回顾"过去"的感想。他们觉得"今"的总是不好,古的都是好。政治、法律、道德、风俗全是"今"不如古。此派人惟一的希望在复古。他们的心力全施于复古的运动。一派是对于"现在"一切现象都不满足,与复古的厌"今"派全同,但是他们不想"过去",但盼"将来"。盼"将来"的结果,往往流于梦想,把许多"现在"可以努力的事业都放弃不做,单是耽溺于虚无缥缈的空玄境界。这两派人都是不能助益进化,并且很足阻滞进化的。

乐"今"的人大概是些无志趣无意识的人,是些对于"现在"一切满足的人,觉得所处境遇可以安乐优游,不必再商进取,再为创造。这种人丧失"今"的好处,阻滞进化的潮流,同厌"今"派毫无区别。

原来厌"今"为人类的通性。大凡一境尚未实现以前,觉得此境有无限的佳趣,有无疆的福利,一旦身陷其境,却觉不过尔尔,随即起一种失望的念,厌"今"的心。又如吾人方处一境,觉得无甚可乐,而一旦其境变易,却又觉得其境可恋,其情可思。前者为企望"将来"的动机;后者为反顾"过去"的动机。但是回想"过去",毫无效用,且空耗努力的时间。若以企望"将来"的动机,而尽"现在"的努力,则厌"今"思想却大足为进化的原动。乐"今"是一种惰性(inertia),须再进一步,了解"今"所以可爱的道理。全在凭他可以为创造"将来"的努力,决不在得他可以安乐无为。

热心复古的人,开口闭口都是说"现在"的境象若何黑暗,若何卑污,罪恶若何深重,祸患若何剧烈。要晓得"现在"的境象倘若真是这样黑暗,这样卑污,罪恶这样深重,祸患这样剧烈,也都是"过去"所遗留的宿孽,断断不是"现在"造的。全归咎于"现在"是断断不能受的。要想改变他,但当努力以创造未来,不当努力以回复"过去"。

照这个道理讲起来,大实在的瀑流永远由无始的实在向无终的实在奔流。吾人的"我",吾人的生命,也永远合所有生活上的潮流,随着大实在的奔流,以为扩大,以为继续,以为进转,以为发展。故实在即动力,生命即流转。

忆独秀先生曾于《一九一六年》文中说过,青年欲达民族更新的希望,

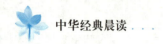

"必自杀其一九一五年之青年,而自重其一九一六年之青年"。我尝推广其意,也说过人生惟一的蕲向,青年惟一的责任,在"从现在青春之我,扑杀过去青春之我,促今日青春之我,禅让明日青春之我""不仅以今日青春之我,追杀今日白首之我,并宜以今日青春之我,豫杀来日白首之我"。实则历史的现象,时时流转,时时变易,同时还遗留永远不灭的现象和生命于宇宙之间,如何能杀得?所谓杀者,不过使今日的"我"不仍旧沉滞于昨天的"我"。而在今日之"我"中,固明明有昨天的"我"存在。不止有昨天的"我",昨天以前的"我",乃至十年二十年百千万亿年的"我"都俨然存在于"今我"的身上。然则"今"之"我","我"之"今",岂可不珍重自将,为世间造些功德?稍一失脚,必致遗留层层罪恶种子于"未来"无量的人,即未来无量的"我",永不能消除,永不能忏悔。

我请以最简明的一句话写出这篇的意思来:

吾人在世,不可厌"今"而徒回思"过去",梦想"将来",以耗误"现在"的努力。又不可以"今"境自足,毫不拿出"现在"的努力,谋"将来"的发展。宜善用"今",以努力为"将来"之创造。由"今"所造的功德罪孽,永久不灭。故人生本务,在随实在之进行,为后人造大功德,供永远的"我"享受,扩张,传袭,至无穷极,以达"宇宙即我,我即宇宙"之究竟。

本文写于1918年4月15日,原载《新青年》第4卷第4号。李大钊同志于1889年10月出生在河北省乐亭县。1917年俄国十月革命胜利后,李大钊同志备受鼓舞,连续发表《法俄革命之比较观》《庶民的胜利》《布尔什维主义的胜利》《新纪元》等文章和演讲,热情讴歌十月革命。他以敏锐的眼光,深刻认识到这场革命将对20世纪世界历史进程产生划时代的影响,也从中看到了中华民族争取独立和中国人民求得解放的希望。在宣传十月革命的过程中,他的觉悟得到迅速提高,从一个爱国的民主主义者转变为一个马克思主义者,并且成为我国最早的马克思主义传播者。

文章先立"世间最可宝贵的就是'今'",再破"两种不爱'今'的人","立"与"破"是关于"今"的两个方面,在论证结构上是并列的,文章末尾概括总结,提出文章的中心观点:"宜善用'今',以努力为'将来'之创造"。

19　轻轻地走与轻轻地来

史铁生

现在我常有这样的感觉：死神就坐在门外的过道里，坐在幽暗处，凡人看不到的地方，一夜一夜耐心地等我。不知什么时候它就会站起来，对我说：嘿，走吧。我想那必是不由分说。但不管是什么时候，我想我大概仍会觉得有些仓促，但不会犹豫，不会拖延。

"轻轻地我走了，正如我轻轻地来"——我说过，徐志摩这句诗未必牵涉生死，但在我看，却是对生死最恰当的态度，作为墓志铭真是再好也没有了。

死，从来不是一次性完成的。陈村有一回对我说：人是一点一点死去的，先是这儿，再是那儿，一步一步终于完成。他说得很平静，我漫不经心地附和，我们都已经活得不那么在意死了。

这就是说，我正在轻轻地走，灵魂正在离开这个残损不堪的躯壳，一步步告别着这个世界。这样的时候，不知别人会怎样想，我则尤其想起轻轻地来的神秘。比如想起清晨、晌午和傍晚变幻的阳光，想起一方蓝天，一个安静的小院，一团扑面而来的柔和的风，风中仿佛从来就有母亲和奶奶轻声地呼唤……不知道别人是否也会像我一样，由衷地惊讶：往日呢？往日的一切都到哪儿去了？

生命的开端最是玄妙，完全的无中生有。好没影儿地忽然你就进入了一种情况，一种情况引出另一种情况，顺理成章天衣无缝，一来二去便连接出一个现实世界。真的很像电影，虚无的银幕上，比如说忽然就有了一个蹲在草丛里玩耍的孩子，太阳照耀他，照耀着远山、近树和草丛中的一条小路。然后孩子玩腻了，沿小路蹒跚地往回走，于是又引出小路尽头的一座房子，门前正在张望他的母亲，埋头于烟斗或报纸的父亲，引出一个家，随后引出一个世界。孩子只是跟随这一系列情况走，有些一闪即逝，

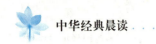

有些便成为不可更改的历史,以及不可更改的历史的原因。这样,终于有一天孩子会想起开端的玄妙:无缘无故,正如先哲所言——人是被抛到这个世界上来的。

其实,说"好没影儿的忽然你就进入了一种情况"和"人是被抛到这个世界上来的",这两句话都有毛病,在"进入情况"之前并没有你,在"被抛到这世界上来"之前也无所谓人——不过这应该是哲学家的题目。

对我而言,开端,是北京的一个普通四合院。我站在炕上,扶着窗台,透过玻璃看它。屋里有些昏暗,窗外阳光明媚。近处是一排绿油油的榆树矮墙,越过榆树矮墙远处有两棵大枣树,枣树枯黑的枝条镶嵌进蓝天,枣树下是四周静静的窗廊——与世界最初的相见就是这样,简单,但印象深刻。复杂的世界尚在远方,或者,它就蹲在那安恬的时间四周窃笑,看一个幼稚的生命慢慢睁开眼睛,萌生着欲望。

奶奶和母亲都说过:你就出生在那儿。

其实是出生在离那儿不远的一家医院。生我的时候天降大雪。一天一宿罕见的大雪,路都埋了,奶奶抱着为我准备的铺盖趟着雪走到医院,走到产房的窗檐下,在那儿站了半宿,天快亮时才听见我轻轻地来了。母亲稍后才看见我来了。奶奶说,母亲为生了那么个丑东西伤心了好久,那时候母亲年轻又漂亮。这件事母亲后来闭口不谈,只说我来的时候"一层黑皮包着骨头",她这样说的时候已经流露着欣慰,看我渐渐长得像回事了。但这一切都是真的吗?

我蹒跚地走出屋门,走进院子,一个真实的世界才开始提供凭证。太阳晒热的花草的气味,太阳晒热的砖石的气味,阳光在风中舞蹈、流动。青砖铺成的十字甬道连接起四面的房屋,把院子隔成四块均等的土地,两块上面各有一棵枣树,另两块种满了西番莲。西番莲顾自开着硕大的花朵,蜜蜂在层叠的花瓣中间钻进钻出,嗡嗡地开采。蝴蝶悠闲飘逸,飞来飞去,悄无声息仿佛幻影。枣树下落满移动的树影,落满细碎的枣花。青黄的枣花像一层粉,覆盖着地上的青苔,很滑,踩上去要小心。天上,或者是云彩里,有些声音,有些缥缈不知所在的声音——风声?铃声?还是歌声?说不清,很久我都不知道那到底是什么声音,但我一走到那块蓝天下面就听见了他,甚至在极襁中就已经听见他了。那声音清朗,欢欣,悠悠扬扬,不紧不慢,仿佛是生命固有的召唤,执意要你去注意他、去寻找他、看望他,甚或去投奔他。

　　我迈过高高的门槛,艰难地走出院门,眼前是一条安静的小街,细长、规整,两三个陌生的身影走过,走向东边的朝阳,走进西边的落日。东边和西边都不知通向哪里,都不知连接着什么,唯那美妙的声音不惊不懈,如风如流……

　　我永远都看见那条小街,看见一个孩子站在门前的台阶上眺望。朝阳或是落日弄花了他的眼睛,浮起一群黑色的斑点,他闭上眼睛,有点怕,不知所措,很久,再睁开眼睛,啊好了,世界又是一片光明……有两个黑衣的僧人在沿街的房檐下悄然走过……几只蜻蜓平稳地盘桓,翅膀上闪动着光芒……鸽哨声时隐时现,平缓,悠长,渐渐地近了,扑噜噜飞过头顶,又渐渐远了,在天边像一团飞舞的纸屑……这是件奇怪的事,我既看见我的眺望,又看见我在眺望。

　　那些情景如今都到哪儿去了?那时刻,那孩子,那样的心情,惊奇和痴迷的目光,一切往日情景,都到哪儿去了?它们飘进了宇宙,是呀,飘去五十年了。但这是不是说,它们只不过飘离了此时此地,其实它们依然存在?

　　梦是什么?回忆,是怎么一回事?

　　倘若在五十光年之外有一架倍数足够大的望远镜,有一个观察点,料必那些情景便依然如故,那条小街,小街上空的鸽群,两个无名的僧人,蜻蜓翅膀上的闪光和那个痴迷的孩子,还有天空中美妙的声音,便一如既往。如果那望远镜以光的速度继续跟随,那个孩子便永远都站在那条小街上,痴迷地眺望。要是那望远镜停下来,停在五十光年之外的某个地方,我的一生就会依次重现,五十年的历史便将从头上演。

　　真是神奇。很可能,生和死都不过取决于观察,取决于观察的远与近。比如,当一颗距离我们数十万光年的星星实际早已熄灭,它却正在我们的视野里度着它的青年时光。

　　时间限制了我们,习惯限制了我们,谣言般的舆论让我们陷于实际,让我们在白昼的魔法中闭目塞听不敢妄为。白昼是一种魔法,一种符咒,让僵死的规则畅行无阻,让实际消磨掉神奇。所有的人都在白昼的魔法之下扮演着紧张、呆板的角色,一切言谈举止、一切思绪与梦想,都仿佛被预设的程序所圈定。

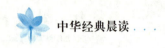

> 因而我盼望夜晚，盼望黑夜，盼望寂静中自由的到来。
> 甚至盼望站到死中，去看生。
> 我的躯体早已被固定在床上，固定在轮椅中，但我的心魂常在黑夜出行，脱离开残废的躯壳，脱离白昼的魔法，脱离实际，在尘嚣稍息的夜的世界里游逛，听所有的梦者诉说，看所有放弃了尘世角色的游魂在夜的天空和旷野中揭开另一种戏剧。风，四处游走，串联起夜的消息，从沉睡的窗口到沉睡的窗口，去探望被白昼忽略了的心情。另一种世界，蓬蓬勃勃，夜的声音无比辽阔。是呀，那才是写作啊。至于文学，我说过我跟它好像不大沾边儿，我一心向往的只是这自由的夜行，去到一切心魂的由衷的所在。

　　史铁生（1951—2010），著名小说家、文学家，被誉为中国最具人格力量的作家，历任中国作家协会全国委员会委员、北京作家协会副主席、中国残疾人联合会副主席。该文选自散文集《记忆与印象》。史铁生还著有随笔集《病隙碎笔》、长篇小说《我的丁一之旅》。史铁生多年来与疾病顽强抗争，在病榻上创作出了大量优秀的、广为人知的文学作品，自称职业是生病，业余在写作。他的作品多次获得国内外重要文学奖项，多部作品被译为日、英、法、德等文字在海外出版。他为人低调，严于律己，品德高尚，是作家中的楷模。

　　文章开篇虽然从死神谈起，说自己"已经活得不那么在意死了"，但全文大部分都在回忆过去，在探讨"生"的问题。也许史先生并没有意识到，回忆过去，正是对未来终有一死的"在意"。文章可分为三个层次：第一部分坦然迎接死神；第二部分回忆过去；第三部分感悟生命。读这篇《轻轻地走与轻轻地来》，仿佛就是在读史铁生的灵魂，他的文字没有那种张扬的"坚强不屈"的气息，更多的是一种对生命体验的娓娓道来。史铁生就是以明净而睿智的文字，纯粹地表达着自己的灵魂，省察着自己的内心。他谈生命、谈生活、谈童年、谈死亡，无奈中见执着，阴郁中见微笑，苦难中见希望，平淡中见深刻。他对死亡的那份坦然，对苦难的那份微笑，对命运的那份宽厚，足以让人敬仰。

20 七律·人民解放军占领南京

毛泽东

钟山风雨起苍黄,百万雄师过大江。
虎踞龙盘今胜昔,天翻地覆慨而慷。
宜将剩勇追穷寇,不可沽名学霸王。
天若有情天亦老,人间正道是沧桑。

导读

1949年4月20日,全面内战已进入尾声,国民党军队全线溃败,拒绝在和平协定上签字。4月21日,毛泽东和朱德发出《向全国进军的命令》,号令全军坚决、彻底、干净、全部地歼灭中国境内一切敢于抵抗的国民党反动派,解放全中国。当夜,中国人民解放军百万雄师在东起江苏江阴、西至江西湖口的一千余里的战线上分三路强渡长江。23日晚,东路陈毅的第三野战军占领南京。毛泽东听到这个消息后欢欣鼓舞,于是写下了这首《七律·人民解放军占领南京》。

全诗开头异峰突起,气魄不凡,有如泰山压顶,雷霆万钧。首联"雄师"两字生动地刻画出强大的解放军威武雄壮锐不可当的英姿,"过大江"三字生动地描述了解放军强渡长江那种排山倒海的英雄气概和浩浩荡荡的生动场面;颔联赞颂了南京解放所取得的历史性胜利,抒发了欢庆南京解放的革命豪情;颈联概括了将革命进行到底的思想;尾联"天若有情天亦老,人间正道是沧桑"揭示了自然界四季变化,运行不息,天地万物新陈代谢永不休止的真理,阐明了历史发展的必然规律,对全诗的思想做出哲理性总结。《七律·人民解放军占领南京》表现了中国人民解放军彻底打垮国民党反动派的信心和决心,表达了诗人解放全中国的必胜信念,格调雄伟,气势磅礴,雄壮有力。

参考文献

[1] 周振甫.诗经译注[M].北京:中华书局,2023.
[2] 杨伯峻.论语译注[M].北京:中华书局,2017.
[3] 杨伯峻.孟子译注[M].北京:中华书局,2018.
[4] 周振甫.毛泽东诗词欣赏[M].北京:中华书局,2019.
[5] 朱东润.中国历代文学作品选[M].上海:上海古籍出版社,2023.
[6] 孔子,孟子,朱熹,等.四书五经[M].北京:中华书局,2009.
[7] 吴楚材,吴调侯.古文观止[M].钟基,李先银,王身钢,译注.北京:中华书局,2016.
[8] 金缨.格言联璧[M].马天祥,译注.北京:中华书局,2020.